GOLDMANN
ESOTERIK

Buch

Toni Fedrigotti stellt dem Leser in der Verknüpfung von nüchterner Planungsstrategie mit esoterischem Gedankengut und Positivem Denken das geeignete Mittel zur Verfügung, ein eigenes Erfolgsbewußtsein zu entwickeln. Auf der Basis seines Grundsatzes – »Nicht Wissen allein, sondern nur angewandtes Wissen ist Macht!« – beläßt es der Autor nicht bei theoretischen Belehrungen, sondern gibt genaue praktische Anleitungen, die jeder befolgen kann.
Im ersten Teil des Buches lernt der Leser sich seiner Einstellungen und Wünsche bewußt zu werden und seine bisherigen Denkstrukturen zu analysieren. Anhand des kybernetischen Erfolgsmodells findet im zweiten Teil die Umsetzung der zuvor erarbeiteten Wünsche und Ideale in reale Zielsetzungen unter Rücksichtnahme auch auf die Zeitplanung statt. Die Gesetzmäßigkeit des Erfolges ist mit diesem Buch ein Geheimnis, das jeder auf das tägliche Leben anwenden kann.

Autor

Toni Fedrigotti wurde 1956 in Südtirol geboren. Nachdem er zunächst beruflich im Handwerk tätig war, wurde er selbständiger Unternehmer und beschäftigte sich in diesem Zusammenhang eingehend mit Erfolgsplanung und Vertriebsstrategien, die er in den eigenen Firmen testete. Diese praktischen Erfahrungen bilden die Grundlage für seine Arbeit als Persönlichkeitsberater und Leiter freier wie firmeninterner Seminare.
Toni Fedrigotti lebt in Augsburg und betreibt dort die Edition Kraftpunkt (Audio- und Videokassetten) und das Erfolgs-Forum (Seminarveranstaltungen).

TONI
FEDRIGOTTI

Zum Erfolg geboren

So gestalten Sie
Ihr Schicksal

GOLDMANN VERLAG

Dieses Buch erschien bereits unter dem Titel »Erfolg durch Erfolgsbewußtsein« (Verlagsnummer: 13505) im Goldmann-Ratgeber-Programm
Zeichnungen von Johannis Hartung

Der Goldmann Verlag
ist ein Unternehmen der Verlagsgruppe Bertelsmann

Made in Germany · 10/91 · 1. Auflage

Umschlaggestaltung: Design Team München
Satz: Uhl + Massopust, Aalen
Druck: Elsnerdruck, Berlin
Verlagsnummer: 12135
DvW · Herstellung: Felicitas Hübner
ISBN 3-442-12135-3

Gewidmet:

Allen Menschen, die bereit sind, an sich zu arbeiten, um die Welt durch ihr Wirken zu verbessern.

Inhaltsverzeichnis

Vorwort

»Sie sind zum Erfolg geboren. Niemand kann Sie davon abhalten, Erfolg zu haben außer Sie sich selbst.«

Dies ist die zentrale Botschaft dieses Buches. Sie halten damit eine wertvolle Hilfe für persönlichen und beruflichen Erfolg in Ihren Händen. Der Autor Toni Fedrigotti macht Ihnen Mut und folgt damit genau dem, was mein großartiger Lehrer Dr. Joseph Murphy stets als seine Lebensmaxime postulierte: »Be a lifter!«

»Sei stets ein Mensch«, riet er mir oft, »der andere geistig aufzurichten vermag!«

Deshalb ist es mir eine besondere Freude und Ehre, dieses Lebenshilfewerk zu Glück und Erfolg kommentieren zu dürfen.

Schritt für Schritt führt Sie der Autor nach klaren, logisch aufgebauten Regeln zu dem optimalen Einsatz Ihrer Kräfte für die Erfüllung Ihrer Wünsche, Hoffnungen und Ziele. Erfolg ist kein zufälliges Glück, auch kein Geheimnis einiger Auserwählter, sondern nichts anderes als das systematische Befolgen der lebendigen Gesetze des Geistigen. Diese Regeln vermag jedermann zu nutzen und so auf der Spirale des Lebens einige Oktaven höher zu steigen.

Jeder, der sich einmal intensiver mit den Grundsätzen positiven Denkens beschäftigt hat, weiß um seine Kraftzentrale Unterbewußtsein und um die Zusammenhänge zwischen schöpferischen Gedanken und deren Realisierung auf der materiellen Bühne des Lebens.

Wer aber glaubt, Erfolg müsse etwas mit Entsagung und Anstrengung zu tun haben, den belehrt der Autor rasch eines Besseren. Körper, Geist und Seele als untrennbare Einheit wollen gelebt und bejaht werden. Kein Teil darf wichtiger genommen werden als die anderen, wenn wir nicht einseitig und damit uneffektiv sein wollen.

Ich wünsche Ihnen, liebe Leserinnen und Leser, den großartigen Erfolg, den Sie auch für sich selbst anstreben. Erweisen wir uns als würdig, als »die Hände Gottes« zu dieser herrlichen Schöpfung durch unser Wirken beizutragen.

Möge diesem Buch der Erfolg vergönnt sein, den es verdient.

In geistiger Verbundenheit
Ihr Erhard F. Freitag

Einleitung

In vorliegendem Buch möchte ich den Versuch unternehmen, eine Brücke zwischen dem rationalen, nüchternen Planen und der oft nicht greifbaren theoretischen Esoterik zu schlagen.

Ursprünglich komme ich aus dem Interessengebiet der Esoterik. Es hat mir aber immer ein Baustein gefehlt: genaue Anleitungen zur richtigen Art des Vorgehens. Die habe ich dann gefunden, als ich mich intensiv mit Strategie beschäftigt habe. Für mich hat sich herausgestellt, daß wir, um ganzheitlichen Erfolg zu haben, auch ganzheitlich denken und handeln müssen. Dabei entscheiden die Kräfte, die wir nicht sehen können, wie unsere seelischen, weit mehr als bisher angenommen.

Eines werden Sie in diesem Buch immer wieder erkennen: Das Ziel, Ihre geistigen, seelischen und körperlichen Kräfte gemeinsam auf einen Punkt zu richten. Je besser uns das gelingt, um so »natürlicher« ist Erfolg.

Machen Sie sich auf den Weg zu Ihrem persönlichen Erfolg! Hierbei möchte ich Ihnen von Herzen alles Gute wünschen.

An dieser Stelle möchte ich mich auch bei allen Lehrern und Autoren bedanken, durch deren Anregungen sich mein Leben geändert hat. Im besonderen Kurt Tepperwein und Erhard F. Freitag sowie Wolfgang Mewes, dessen Strategischer Kurs eine Bereicherung für die Menschen ist. Alle namentlich aufzuzählen, würde zu weit führen.

Ein besonderer Dank gilt Frau Wiltrud Miethke, die mir bei der Korrektur behilflich war, sowie meiner treuen Seele im Büro, Frau Brigitte Muckelbauer, ohne deren Einsatz und

Entlastung ich nie die Zeit gehabt hätte, dieses Buch fertigzustellen.

Auch danke ich allen Seminarteilnehmern und Freunden, durch deren Fragen und Anregungen sich mein Wissen ebenso erweitert hat.

Der Sinn dieses Buches

In diesem Buch möchte ich Ihnen die Gesetzmäßigkeiten des Lebens und des Erfolges aufzeigen und Ihnen erläutern, wie man sie auf das tägliche Leben anwenden sollte. Ich habe bewußt auf Fallbeispiele und Platzfüller verzichtet, denn die Anwendung im Alltag ist in meinen Augen das beste Beispiel für das Funktionieren dieser ungeschriebenen Gesetze. Viele Ausführungen werden nicht auf Ihr kritikloses Einverständnis treffen – und das ist auch gut, denn Sie sollen nichts einfach hinnehmen.

Ich bin ein Mensch und schreibe für Menschen. Mensch sein bedeutet: selbständig zu denken, und darum bitte ich Sie. Wir sollten keine Marionetten sein und blindlings glauben, sondern wir sollten alles prüfen und das Beste behalten. Wir könnten ein Leben gemäß unserer Bestimmung führen, würden wir uns von außen nicht manipulieren lassen. In der Schöpfung, im Kosmos hat alles seine Ordnung, solange von außen nicht eingegriffen wird. Wir können Störungen von außen entgehen, wenn wir uns *selbst wertvoll* fühlen. Wenn wir erkennen, daß wir einmalig sind, daß wir unseren Platz zu erfüllen haben und dies ohne Probleme schaffen können.

Vieles, was Sie hier lesen, wird Ihnen selbstverständlich erscheinen, manches neu. Es ist schön, wenn Sie sich sagen: Solche Weisheiten sind für mich selbstverständlich. Leider erlebe ich in Seminaren immer wieder, daß viele Menschen die einfachsten menschlichen Werte vergessen haben und Sklaven ihrer falschen Einstellungen sind. Ich kenne aber genausoviel Menschen, meist ältere, die voll Güte und Menschlichkeit sind, obwohl Sie noch nie eine Zeile über richtige Lebensführung, ethische Werte oder positives Denken gelesen haben. Sie leben diese Werte einfach.

In unserer Epoche mit dem Multi-Medienrummel, mit hunderttausend Buchveröffentlichungen im Jahr, mit durchschnittlich vier Stunden Fernsehen täglich pro Kopf, sind die einfachen ethischen Werte ins Abseits gerückt. Wir müssen lernen, diese wieder in unser Bewußtsein zu heben.

In diesem Buch werden wir uns ausschließlich mit Ihnen beschäftigen. Wir werden Ihre Einstellungen und Verhaltensweisen analysieren. Für viele ein unangenehmer Gedanke, da wir es gewohnt sind, für alle Dinge, die geschehen, die Ursachen nicht bei uns selbst, sondern im Außen zu suchen. Wir erwarten, daß sich der Staat, die Politiker, der Chef oder der Partner ändert, damit wir so bleiben können, wie wir sind – denn das ist ja bequem. Wir glauben, die Welt wäre in Ordnung, wenn sich die anderen richtig verhalten würden. Wer sind die anderen? Sie, ich, wer? Was ist, wenn jeder nur denkt, der andere soll sich ändern? Es passiert nichts, alles bleibt beim alten, und die Klagen häufen sich.

Niemand hat die Macht, Ihr Schicksal zu ändern, kein Umstand hat Einfluß auf Sie, wenn Sie ihm nicht die Macht geben. Sie können Glück und Gesundheit nicht kaufen, Sie können aber lernen, wie Glück und Gesundheit entstehen, und es dann in Ihr Leben integrieren.

»Glück ist eine andere Bezeichnung für Willensstärke.«
Ralf Waldo Emerson

Machen Sie Ihr Glück nicht von anderen abhängig. Entscheiden Sie selbst über Ihr Schicksal. Ob Sie reich oder arm sind, ist vollkommen gleichgültig, wenn Sie glücklich sind. Ändern Sie sich nach Ihren Wünschen und Idealen!

Sie lesen dieses Buch mit einem bestimmten Bewußtsein; mit dem Bewußtsein, Erfolg haben zu wollen, Probleme zu bewältigen, Wissen anzusammeln oder welcher Wunsch immer im Moment in Ihnen vorherrscht. Vielleicht wollen Sie in Ihrem Leben auch etwas ändern, und Sie wissen noch nicht, was?

Schreiben Sie bitte auf, welche Wünsche Sie im Moment realisiert haben möchten. Stellen Sie sich vor, Sie könnten all diese Wünsche verwirklichen. Was herrscht in Ihrem Geiste vor? Was wünschen Sie sich alles?

Ihre Wünsche

1. ______
2. ______
3. ______
4. ______
5. ______
6. ______
7. ______
8. ______
9. ______
10. ______

Warum haben Sie diese Wünsche oder Probleme? Um sich damit herumzuquälen oder daran zu wachsen?

Es ist eine Motivation zu Ihrer persönlichen Entwicklung. Egal ob Sie Probleme haben oder unerreichte Wünsche, alles, was Sie erleben, ist eine Aufforderung des Schicksals zum Handeln, zum *Tun*. Dadurch wachsen und reifen Sie.

1. Teil

LEBEN IN UNSERER ZEIT

Wir leben in einer Zeit der Entwicklung, einer Zeit, in der von neuem Denken gesprochen wird. Ist neues Denken nur ein Modewort? Ich meine nein. Wir sind heute an einem Punkt angelangt, wo wir alte, überholte Verhaltensweisen und alte Denkweisen loslassen und uns neueren Entwicklungen öffnen müssen. Menschliche Bedürfnisse, geistige Bildung, soziales Verhalten und Märkte haben sich verändert. Die Entwicklung geht von Jahr zu Jahr schneller voran. Unsere Väter haben einen Beruf erlernt, den sie ihr ganzes Leben lang ausgeübt haben. Heute wechseln wir im Durchschnitt dreimal im Laufe des Lebens unseren Beruf. In wenigen Jahrzehnten werden wir noch häufiger wechseln müssen. Diese permanente Veränderung stellt hohe Anforderungen an jeden einzelnen von uns. Niemand kann sich dieser Entwicklung entziehen. Stillstand ist gleichzeitig Rückschritt. Veränderung birgt aber genauso die Chance der Verbesserung in sich. Nur wer den Mut hat, Altes loszulassen, kann sich öffnen für Neues in seinem Leben, und Neues ist wichtig, damit wir nicht immer auf der Stelle treten. Neues Denken bringt auch neues Handeln mit sich. Beides ist untrennbar miteinander verbunden. Wer Erfolg haben will, hat heute mehr Chancen denn je.

Ihren persönlichen Erfolg zu planen, Ihren Blick für neue Chancen zu öffnen, ist das Ziel dieses Buches. Sie haben einmalige Möglichkeiten in sich, die Sie fördern können, wenn Sie sich ihrer bewußt werden. Sie sind ein schlafender Riese, der alles vermag, was er sich vorstellen kann. In Ihnen warten unentdeckte Kräfte darauf, aktiviert zu werden, um Ihnen endlich dienen zu können. Sie sind zum Erfolg geboren! Niemand kann Sie abhalten, Erfolg zu haben, außer Sie selbst. Erfolg ist nicht einzelnen vorbehalten. Auch Sie können das erreichen, was Sie möchten, wenn Sie Ihre inneren Kräfte mobilisieren und strategisch richtig vorgehen. Solange Sie auf Erfolg warten, wird sich nichts ändern. Sie müssen sich schon bemühen und ihn wirklich wollen. Bemühen muß nicht mit Anstrengung verbunden sein. Sie müssen dem Erfolg einfach entgegengehen.

Fünf Milliarden Menschen leben heute auf der Welt, und jeder erlebt sein eigenes Schicksal. Nicht alle nutzen die Chancen, die ihnen vom Schicksal zur Verfügung gestellt werden. Die wenigsten erkennen die Aufforderung des Schicksals hinter ihren Schwierigkeiten oder Wünschen. Erst wenn ich erkenne, warum eine bestimmte Situation so ist, wie sie ist, habe ich die Chance, sie dauerhaft zu ändern.

Sicher haben Sie schon viele Erfolgsbücher gelesen. Wie viele Bücher dieser Art haben Sie im Regal? In allen werden Sie Teile finden, die Ihnen gefallen. Sie werden denken: das mache ich nun ab sofort so, wie ich es gelesen habe. Aber was passiert? Wir fallen in den Alltagstrott zurück, und die neuen Eindrücke und guten Vorsätze verblassen. Daher ist die alte Weisheit »Wissen ist Macht« meines Erachtens nicht mehr gültig. Ich sage: »Angewandtes Wissen ist Macht«, das alleine bringt Veränderung, denn nur die Tat zählt. Wenn Sie wissen, daß Sie ehrlich sein sollten, und Sie lügen und betrügen trotzdem, bringt Sie das nicht weiter.

Wir werden auch die Schattenseiten des Lebens betrachten, damit Sie lernen, auf realistische Art positiv zu denken und Ihre Ziele sicher zu erreichen. Eine Beschönigung ist nicht immer gut. Die Realität sehen und daraus eine neue, positive und wünschenswerte Realität schaffen, heißt die Devise. Wir sollten nicht nur positiv denken, sondern positiv leben. Jeder hat das Recht zu denken, wie er möchte, denn er alleine muß die Konsequenz dafür tragen.

Mein Ziel ist es nicht, Sie zu überzeugen, sondern Ihnen ein anderes Denken aufzuzeigen.

> »Man soll dem anderen die Wahrheit hinhalten wie einen Mantel, in den er hineinschlüpfen kann, wenn er dazu bereit ist, und sie ihm nicht wie einen nassen Lappen um die Ohren schlagen.« *Voltaire*

Lassen Sie sich von niemandem überzeugen, sondern tun Sie dies selbst, denn dann *entwickeln* Sie sich wirklich. Das Schicksal ist gerecht. Wir werden für die Dinge zur Rechenschaft gezogen, die wir falsch machen, aber auch für die Dinge, die wir unterlassen. Sind Sie zu leichtgläubig, wird es Folgen haben, die unangenehm sind, sind Sie zu kritisch, kann dasselbe passieren. Der Mittelweg ist immer noch der beste Maßstab. Extreme Haltungen werden immer in die Irre führen.

Wir sollen für uns lernen und uns verbessern, dann tun wir das Beste und Sinnvollste für uns und für das Universum. Darauf zielt dieses Buch. Wenn Sie im Außen eine Änderung haben wollen, müssen Sie nur Ihr Innerstes ändern. Das Außen folgt dann von alleine. Wenn jeder von uns dies tut, ist die Folge Zufriedenheit und Harmonie, denn wir leben in einer vernetzten Welt und sind untrennbar miteinander verbunden. Wenn wir egoistisch handeln und nur auf unseren Vorteil aus sind, ohne Rücksicht auf die Folgen, ist dies isoliertes Denken. Diese Isolation führt zwangsläufig zu Schwierigkeiten, wie wir sie heutzutage erleben. Die Menschen halten sich für intelligent, wenn sie um jeden Preis an Profit und Macht denken. Nur Fortschritt steht den meisten auf der Stirn geschrieben, ohne daß sie an die Konsequenzen denken. Es wird dabei vergessen, daß unser Verhalten von heute die Welt von morgen bestimmt.

Wir handeln isoliert, wir betrachten die Tierwelt und die Umwelt als Teile, die wir nicht zu schonen und zu achten brauchen. So passiert es dann, daß wir es schaffen, die Natur – ein System, welches seit Jahrmillionen funktioniert – in wenigen Jahren auszubeuten und zu ruinieren. Kein anderes Lebewesen ist so töricht. Wenige Menschen denken an gemeinschaftliches Weiterkommen, zu viele denken nur an ihren eigenen Vorteil, egal was und wer auf der Strecke bleibt. Ich kenne viele Menschen, die alles haben und sich alles leisten können, und trotzdem sind sie *unzufrieden*. Sie haben keinen inneren Frieden gefunden, denn der Preis für den Erfolg war zu hoch. Ethik und Moral sind häufig Fremdworte, deren Sinn nicht begriffen wird. Das Schicksal ist aber in jedem Fall gerecht und sorgt für gerechten Ausgleich. Wo steht geschrieben, daß ein Manager seine Familie vernachlässigen und dauernd unter Streß stehen muß? Nirgendwo steht es, es ist einzig und allein unsere Entscheidung. Wir denken und handeln selbständig.

Die Gewohnheit des negativen Denkens

Es hat sich im Laufe der letzten Jahrzehnte eingebürgert, nur noch auf die negativen Seiten einer Sache zu blicken nach dem Motto: »Lieber die Dinge etwas schlechter sehen, dann bin ich nicht so enttäuscht, wenn es Wirklichkeit wird.« Es ist eine Art Entschuldigung und Vorsorge, damit man nicht enttäuscht und verletzt werden kann. Es ist »in«, zu klagen und zu jammern: Die Politik ist schuld, die Regierungen versagen, die Unternehmer beuten nur aus, die Angestellten sind faul und wollen nichts tun usw. Sie kennen sicher diese Kommentare, die in allen Medien publiziert werden. All diese Einstellungen haben sich in unserem Bewußtsein festgesetzt, und wir sehen die Welt wiederum geprägt von dieser unserer Meinung.

Dinge, die Sie stören

Um dieser Einstellung den richtigen Stellenwert zu geben, schlage ich vor: Schreiben Sie bitte zehn Dinge auf, die Ihrer Meinung nach nicht in Ordnung sind. Schreiben Sie nieder, was Ihnen derzeit nicht gefällt, was Sie stört und am Weiterkommen hindert. Dieses Buch sollte nur für Sie bestimmt sein, daher können Sie ehrlich sein. Was herrscht in Ihrem Bewußtsein vor?

Schreiben Sie einfach die Punkte nieder, die Sie im Moment stören. Vielleicht sind es Dinge, die Sie vom Erfolg abhalten. Stehen Sie zu Ihrem Urteil, denn das ist der Beginn unserer Arbeit.

Dinge, die mich zur Zeit stören

1. ______________________________

2. ______________________________

3. ______________________________

4. ______________________________

5. ______________________________

6. ______________________________

7. ______________________________

8. ______________________________

9. ______________________________

10. ______________________________

Sie können den Erfolg haben, den Sie sich vorstellen, ohne ethische Werte verletzen zu müssen. Erfolg zu haben ist leichter, als Mißerfolg zu ertragen, und kostet bedeutend weniger Energie. Aber Erfolg ist von unserer Einstellung abhängig. Sind wir der Meinung, eine Sache ist schwierig, wird es auch so sein. Sind wir der Meinung und fühlen uns wert, daß Erfolg ein selbstverständlicher Teil unseres Lebens ist, dann ist auch dies Wirklichkeit. Wir schaffen uns unsere eigene Wirklichkeit. Um neue Wirklichkeit zu schaffen, müssen wir den Mut haben, alte und überholte Meinungen und Verhaltensweisen loszulassen. Wir müssen aufgeschlossen sein für das Neue.

Sie können alles erreichen, was Sie möchten, wenn Sie bereit sind, entsprechend dafür zu arbeiten. Unter arbeiten meine ich kein Handwerk, sondern ich meine: arbeiten an Ihren Einstellungen, an Ihrer Persönlichkeit und Ihrem Charakter. Nichts ist unmöglich, wenn Sie wirklich wollen. Sie haben alle Möglichkeiten, ein glückliches und erfolgreiches Leben zu führen.

Wir beschäftigen uns in diesem Buch mit dem Erfolg, der weit über materielle Dinge hinausgeht. Ihr ganzes Leben soll ein Erfolg sein. Sie sind dazu fähig, wenn Sie dies wollen.

Von jeher haben die Menschen davon geträumt, das Schicksal zu beherrschen. Mancher möchte damit Macht ausüben, andere möchten gesund bleiben, wieder andere nichts tun und ein süßes Leben mit genügend Geld verbringen, ohne Arbeit und Mühe. Der Traum ist so alt wie die Menschheit. Leidgeprüfte Menschen fragen sich nach dem Sinn des Leidens. Wird jemand krank oder hat Schwierigkeiten, fragt er sich, warum gerade ich! Manch einer glaubt, auf der Schattenseite des Lebens zu stehen. Solche Menschen sehen überall Probleme, Sorgen und Nöte. Sie sehen, daß man kämpfen muß, um weiterzukommen. Sie erleben es am eigenen Schicksal, daß ihr Leben aus »Kampf« besteht. Diese Vorstellungen werden sich verwirklichen. Menschen, die nur auf die negativen Seiten des Lebens achten, ziehen diese magnetisch an und wundern sich anschließend, daß sie recht behalten. Sie vergessen alles Gute in ihrem bisherigen Leben. Sie vergessen die Gründe zur Freude.

Die geistige Ernährung

Heute erreichen uns in wenigen Minuten mehr negative Nachrichten über alles, was in der Welt passiert, als ein Mensch früher im Laufe seines Lebens erfuhr. Die Medien sind darauf aus, möglichst Sensationsnachrichten zu bringen, die uns unter die Haut gehen. Stündlich hören wir Nachrichten über Mord, Folterung, Betrug, Ungerechtigkeiten oder andere schlimme

Schicksalsschläge. Die Frage ist: Wie sollen wir dies alles verarbeiten? Sollen wir es ignorieren oder uns damit beschäftigen? Ignorieren wir es, wirken wir herzlos, beschäftigen wir uns damit, machen wir das Böse zu einem Teil von uns.

Was also sollen wir tun?

Wir müssen damit ganz sachlich umgehen und uns fragen: Wem hilft es, wenn wir mitleiden oder uns damit beschäftigen? Ist es in irgendeiner Weise hilfreich, dann müßte eine Tat folgen. Hilft es aber niemandem, dann sollten wir solche Nachrichten gar nicht in unser Bewußtsein lassen. Es ist »in«, über alles informiert zu sein. Aber wie werden wir mit alldem fertig, was wir aufnehmen? Was passiert mit den Informationen, die wir nicht verarbeiten? Sie sinken ins Unterbewußtsein und setzen sich dort fest. Mit dem Ergebnis, daß wir uns immer mehr mit den Dingen beschäftigen, von denen wir eigentlich gar nichts wissen möchten. Wir füttern unser Gehirn mit geistigem Abfall, ohne an die Konsequenzen zu denken. (Abfall nenne ich Informationen, die niemandem nützen – negative Einstellungen und schlechte Gefühle.) Wir lernen langsam, uns richtig zu ernähren, und begreifen allmählich, daß unser Körper wichtige Stoffe braucht, um gesund bleiben zu können. Aber wie steht es mit der geistigen Ernährung? Wieviel von dem, was Sie denken, ist positiv und aufbauend? Wieviel dient Ihrem Ziel? Sicher sehen Sie im Leben genügend Dinge, die nicht in Ordnung sind, aber wissen Sie auch, was schon gut ist? Sehen Sie auch die positiven Seiten der Schwierigkeiten?

In jedem Nachteil steckt auch ein Vorteil. Wer hat Einfluß auf Ihr Leben, wer, glauben Sie, kann Ihr Leben von außen beeinflussen? Wer oder was kann Sie im Außen abhalten, Erfolg zu haben?

Notieren Sie bitte auf der gegenüberliegenden Seite, welche Einflüsse bei Ihnen vorherrschen.

Wir haben Angst vor der neuen Technik, möchten aber Routinearbeiten nicht mehr verrichten. Wir haben Angst, die Arbeit zu verlieren, richten aber die Aufmerksamkeit mehr auf die

Wer oder was hat Einfluß auf Ihr Leben

1. ______________________________

2. ______________________________

3. ______________________________

4. ______________________________

5. ______________________________

6. ______________________________

7. ______________________________

8. ______________________________

9. ______________________________

10. ______________________________

Freizeit als auf die Arbeit. Wir haben vergessen, daß eine Arbeit Spaß machen kann. Arbeit kann Erfüllung sein, denn Sie können etwas schaffen, das von Notwendigkeit und Wichtigkeit ist.

Wir haben verlernt, normal zu denken. Jede Tätigkeit wird als Last angesehen. Wir verlangen vom Staat, daß er uns Arbeit gibt und uns versorgt. Wer ist der Staat? Irgendeine Institution? Nein, Sie und ich und Millionen anderer Menschen bilden den Staat. Daher ist es selbstverständlich, daß wir die Verantwortung für uns übernehmen.

Wir verlangen vom Staat Gesetze, damit schadstoffarme Autos gekauft werden, damit die Umweltsünden bestraft werden usw. Es ist lächerlich, für alles brauchen wir Vorschriften, weil wir nicht mehr gemeinschaftlich denken und handeln. Jeder denkt und handelt isoliert, als gäbe es nur ihn. Dabei brauchen wir uns alle gegenseitig. Wir müssen wieder lernen, kollektiv zu denken und so zu handeln, daß es für alle ein Vorteil ist. Wir müssen uns fragen: Was kann ich tun, um zu einer Verbesserung beizutragen? Sie können beispielsweise Papier in den Abfalleimer werfen anstatt auf die Straße, Sie können beim Umgang mit Menschen freundlich sein usw. Sie können mehr tun, als Sie ahnen. Sie können Auslöser und anderen ein positives Vorbild sein.

Wenn Sie Familienvater sind, wirkt Ihr Verhalten auf Ihre Partnerin und auf Ihre Kinder. Im Beruf wirkt Ihr Verhalten auf Kollegen und Mitarbeiter. Im Sport auf Ihre Kameraden. Ihre Kinder beobachten Ihr Verhalten und geben dies bewußt oder unbewußt weiter. Sie können also nicht sagen: »Wer bin ich denn schon. Ich kann sowieso nichts ändern!« Sie können sehr viel ändern, wenn Sie es möchten.

Wo bleibt unsere Eigenverantwortung?

Das persönliche Glück

Was ist Glück? Wo finden wir es? Es gibt Menschen, die ein Leben lang auf der Suche nach Glück sind und es nie finden.

Eine Umfrage in Deutschland ergab 1968, daß 62 Prozent der Befragten den Sinn ihres Lebens darin sahen, »glücklich zu sein« und »viel Freude zu haben«. 1974 waren es nur noch 48 Prozent.

Es scheint, je mehr materieller Wohlstand herrscht, desto mehr Unzufriedenheit macht sich breit. Ich kenne Menschen, die haben Geld und Einfluß, aber sie sind nicht glücklich. Und ich kenne Menschen, die nur das Lebensnotwendige besitzen und wirklich glücklich sind.

Glück ist ein innerer Zustand. Er kann nicht erkauft, erpreßt oder herbeigesehnt werden. Glück kann nur gelebt werden. Glücklichsein gehört zur menschlichen Natur. Der ganze Organismus ist darauf ausgerichtet. Alle Organe funktionieren besser, wenn wir glücklich sind. Jede Wunde heilt schneller, wenn wir glücklich sind. Streß ist nicht möglich, wenn wir glücklich sind.

Der amerikanische Augenarzt Dr. William Bates hat herausgefunden, daß Patienten, die an angenehme Dinge dachten, bessere Sehleistungen hatten. Auch das Gedächtnis funktioniert besser, wenn jemand glücklich ist. Psychologen haben nachgewiesen, daß ein enger Zusammenhang besteht zwischen Kriminalität und Glück. Unglückliche Verhältnisse waren der häufigste Auslöser für Verbrechen. Ein altes holländisches Sprichwort sagt: »Glückliche Menschen sind niemals böse.« Unglückliche Gefühle sind die Ursache für psychosomatische

Leiden. Alle Organe in uns arbeiten besser, wenn wir glücklich sind.

Glücklichsein ist eine Angewohnheit. Es ist ein Geisteszustand. Falsche Erwartungen vom Leben oder der Gesellschaft, ein unrealistischer Maßstab oder Frust und Neid sind Ursachen für eine unglückliche Einstellung.

> »Die meisten Menschen sind so glücklich, wie sie sein wollen.« *Abraham Lincoln*

Glück kann niemals von außen erworben werden. Sie werden merken, daß Sie im Moment keine Probleme haben. Probleme tauchen erst auf, wenn Sie an die Zukunft oder an die Vergangenheit denken. Im *Jetzt* gibt es keine Probleme. Aber nur im Jetzt können Sie sich glücklich fühlen, nicht morgen und nicht irgendwann. Jetzt leben und atmen Sie, jetzt ist der einzige Augenblick, in dem Sie glücklich sein können. Wenn Sie sich glücklich fühlen, strahlen Sie dies aus, und man wird Ihre Nähe suchen. Ein freundliches, liebevolles Wesen bringt Glück zum Ausdruck. Wer mit sich zufrieden ist, gönnt allen Menschen alles, und er wird immer mehr Seelenfrieden finden.

> »Glück ist ein Parfum, das man nicht über jemanden verschütten kann, ohne selbst etwas abzubekommen.«
> *Ralph Waldo Emerson*

Wer sein Glück mit anderen teilt, wird es vielfach zurückbekommen. Glücklichsein bedeutet auch, den anderen Menschen so zu akzeptieren, wie er ist. Nicht mehr verurteilen oder kritisieren bei Dingen, an denen wir nichts ändern können, und unangenehme Dinge vergessen, ist auch eine Voraussetzung zum wahren Glück. Die *wirklichen* Bedürfnisse überprüfen und Unnötiges aus dem Bewußtsein zu streichen ist wichtig. Was Sie aus dem Innersten Ihres Herzens tun, wird Sie glücklich machen. Daher sollten wir auch die Einstellung zu unserer Arbeit überprüfen. Bei ein und derselben Tätigkeit wirkt eine

Einstellungsänderung manchmal Wunder. Alles, was Sie mit Liebe tun, wird Sie voranbringen, egal welche Arbeit Sie auch ausführen.

> »Vergiß nicht – man benötigt nur wenig,
> um ein glückliches Leben zu führen.«
>
> *Marc Aurel*

Gründe, warum Sie glücklich sind

Wir übersehen häufig all die vielen positiven Dinge, weil sie uns schon als selbstverständlich erscheinen, und richten immer nur den Blick auf das, was nicht in Ordnung ist. Machen Sie es wie ein bekannter amerikanischer Millionär und schreiben Sie sich auf der folgenden Seite alle jene Gründe auf, warum Sie glücklich sein könnten.

Sind Sie glücklich, weil Sie den richtigen Beruf haben, weil Sie arbeiten dürfen (nicht müssen), weil Sie gesund sind, einen netten Partner haben, weil Sie ein eigenes Zuhause haben? Vielleicht weil Sie frei sind, weil Sie nette Freunde haben, weil Sie ein eigenes Auto haben oder ... oder. Es gibt sicherlich genügend Gründe, über Dinge, die in Ordnung sind, glücklich zu sein.

Wir müssen nur danach suchen. Es sind nicht die großen Dinge, die uns glücklich oder unglücklich machen, es sind Hunderte von Kleinigkeiten. Eine nette Geste oder ein nettes Wort von einem Freund kann mehr bewirken als Geld. Es sind die Kleinigkeiten, die wir täglich erleben und die über unser Glück entscheiden, nicht die großen Ereignisse. Denken Sie noch einmal nach, ob Sie auch an alles gedacht haben, warum Sie Grund haben, glücklich zu sein.

Tragen Sie Ihre aufgelisteten ersten Gründe immer bei sich, und wenn Sie einmal Schwierigkeiten oder Probleme haben, ermuntern Sie sich damit, daß Sie nachlesen, wieviel schon in

Gründe, warum ich glücklicher sein könnte

Ordnung ist, und sagen Sie sich, daß Sie dieses Problem auch wieder optimal lösen. Sie lenken damit Ihre Aufmerksamkeit auf positive Ereignisse. Erfreuen Sie sich im Jetzt, denn Sie leben nur jetzt.

»Das Leben eines Menschen ist das, was seine Gedanken daraus machen.« *Marc Aurel*

Verfolgen wir die Zeitgeschichte, haben wir allen Grund, glücklich und zufrieden zu sein.

Die medizinische Versorgung ist so vorangeschritten, daß alle großen Krankheiten besiegt worden sind. Eine Operation, die vor weniger als fünfzig Jahren noch ein Risiko war, zum Beispiel eine gewöhnliche Blinddarmoperation, ist heute ein Routineeingriff. Für alle Bereiche stehen uns Fachärzte zur Verfügung. Auch alternative Heilmethoden werden immer mehr ernst genommen.

Auch die Lebenserwartung ist höher denn je. Viele Menschen denken zwar, wir lebten in einer gefährlichen Zeit, doch die Lebenserwartung war noch nie so hoch, und sie ist weiter steigend. Ich kenne Sechzigjährige, die sprühen vor Energie und Lebensfreude, und Achtzigjährige, die noch geistig und körperlich völlig fit sind. In einigen Jahren werden ältere Menschen wieder länger ins Berufsleben integriert sein, da man ihre Erfahrung braucht und schätzt.

Die moderne Kommunikation ermöglicht, jederzeit mit jemandem am anderen Ende der Welt zu sprechen. Wir können heute mit lieben Menschen Kontakt halten, ohne durch Entfernung begrenzt zu sein. Wir sind nicht isoliert, sondern haben die Chance, gewünschte Informationen von anderen schnell zu erhalten.

Das Wissen verdoppelt sich alle zehn Jahre. Wir verfügen über Informationsquellen, die früher nur wenigen zur Verfügung standen. In unserer westlich zivilisierten Welt hat jeder die Möglichkeit, das Wissen zu bekommen, das er haben möchte. Zu jedem Fachgebiet gibt es unzählige Bücher, die in Bibliotheken der Öffentlichkeit zugängig gemacht werden.

Obgleich wir heute ungeahnte Möglichkeiten haben, kenne ich viele, die von der »guten alten Zeit« schwärmen. Blicken wir einmal zurück und betrachten wir einige Zeitungsmeldungen.

Die »gute alte Zeit«

»Unsere Welt ist degeneriert. Bestechung und Korruption sind an der Tagesordnung. Die Kinder gehorchen ihren Eltern nicht mehr. Das Ende der Welt ist offenbar nahe.«

Für viele heute eine hochaktuelle Situation. Doch diese Aussage wurde 2800 vor Christi in Assyrien in eine Steintafel geritzt.

»Wir leben in einem unglücklichen Zeitalter. Der Kapitalist ist seines Besitzes nicht sicher. Der Arbeiter ist mit seiner Lage unzufrieden. Das Berufsleben ist voller Enttäuschungen ... Vielleicht ist kein Jahrhundert mehr durch Unglück gekennzeichnet als unseres.«

Diese Veröffentlichung stammt aus dem Jahre 1897 aus dem »New Englander«.

»Die Welt ist zu groß geworden für uns. Es geschieht zuviel – zu viele Verbrechen, zuviel Gewalt und Aufregung. Wie sehr man sich auch abmüht, man bleibt im Rennen zurück. Es ist ein unaufhörlicher Kampf, mitzuhalten ... und doch verliert man immer mehr an Boden. Die Wissenschaft überschüttet einen in so schneller Abfolge mit ihren Entdeckungen, daß man darunter in hoffnungsloser Verwirrung taumelt ... Der Mensch kann nicht mehr viel ertragen.«

Dieser Zeitungsausschnitt erschien am 16. Juni 1833 im »Atlantic Journal«.

Sie sehen also, es gab zu jeder Zeit Grund, zu klagen und zu verzweifeln. Die gute alte Zeit war gar nicht so gut, wie man ihr immer nachsagt. Jede Zeitepoche hat ihre Aufgabe. Jede Generation hat ihre Probleme; wir haben heute andere als unsere Eltern, und die hatten andere, als ihre Eltern hatten. Das ist Entwicklung. Negativ-Propheten gab es schon immer und wird es immer geben.

> »Häng kein düsteres Bild an die Wand. Klage und weine nicht. Nimm keine negativen Vorschläge an. Geh uns ruhig mit ständigem Optimismus auf die Nerven.«
>
> *Ralph Waldo Emerson*

Der persönliche Erfolg

Was für Sie Erfolg bedeutet, bestimmen Sie alleine. Er sollte nicht nur aus einem Aspekt bestehen, sondern Ihr ganzes Leben beinhalten. Erfolg ist es, wenn Sie finanziell und persönlich erfolgreich sind. Das bedeutet, daß Ihre Persönlichkeit in allen Bereichen mitwächst und nicht hintenan steht. Geld sollte eine Anerkennung für richtige Leistung sein. Macht und Einfluß sollten nur von aufrichtigen Personen ausgeübt werden. Wer Macht über andere ausüben möchte, muß sich nach der Motivation fragen, damit er nicht blind voranschreitet. Daß Sie Erfolg haben können, sehen Sie daran, wo Sie heute stehen. Ob erwünscht oder gefürchtet, Sie stehen heute dort, wo Sie sich selbst hingebracht haben. Sie alleine schaffen Ihr Schicksal in all Ihren Lebensbereichen. Der Erfolgreiche gibt das auch gerne zu und sagt: »Seht her, das habe ich aufgebaut.« Er ist stolz darauf und präsentiert gerne, was er geschaffen hat. Der Erfolglose sagt: »Ich hatte nie eine Chance, die Umstände waren nicht günstig, ich hatte eben nicht das Glück.«

Jeder rechtfertigt seinen Zustand, und jeder hat natürlich aus seiner Sicht recht. Dabei bieten sich uns täglich viele Gelegenheiten, etwas zu tun. Wir sind nicht der Willkür irgendeines Schicksals ausgeliefert, sondern können aktiv eingreifen. Sie haben mehr in sich, als Sie sich zutrauen. Wenn Sie auf Ihre Fähigkeiten achten und sich richtig programmieren, können Sie Unmögliches erreichen, oder wie es ein bekannter Lebensspruch sagt:

> »Wir müssen immer wieder das Unmögliche versuchen, damit das Mögliche möglich wird.«

Sehen Sie das Leben als Abenteuer, und machen Sie sich auf den spannenden Weg, Ihr Ziel zu erreichen. Sie schaffen es, Millionen vor Ihnen haben es auch geschafft.

Ein erfolgreicher Mensch denkt und handelt in jeder Situation so, als hätte er sein Ziel schon erreicht. Nicht nur die innere Einstellung ist wichtig, sondern auch Ihr äußeres Handeln, das, was auf Menschen wirkt. Die Ausstrahlung öffnet Ihnen Herzen und Wege. An Ihrer Haltung kann jeder genau ablesen, ob Sie zu den Erfolgsmenschen gehören oder zu den Verlierern. Erfolg muß zuerst in Ihnen sein, damit er sich dann im Außen ausdrücken kann. Die äußere Wirklichkeit ist ein Spiegelbild unseres Inneren. Wir werden noch häufiger darauf zurückkommen. Sie können keinen Pfennig besitzen und doch an den Erfolg und das Gute glauben. Sie können noch so viele Schicksalsschläge erleiden, wenn Sie nicht aufgeben, unabdingbar Ihr Ziel zu verfolgen, und sich nicht unterkriegen lassen, werden Sie ein Gewinner. Das Schicksal prüft Ihre wirkliche Motivation und stellt Sie immer wieder auf die Probe, bis Sie zum Erfolg bereit sind.

»Anstrengung und Erfolg sind untrennbar ein Paar.«
Friedrich Rückert

Ihr Innerstes ist auf Erfolg programmiert. Wenn Sie den natürlichen Mechanismen freien Lauf lassen und sich nicht ständig mit negativen Gedanken und Grübeln behindern, kommen Sie leicht und schnell an Ihr Ziel. Die natürlichen Mechanismen richten sich nach Ihrer Motivation, nach Ihrem vorhandenen Ziel. Ist kein Ziel vorhanden, dann verteilen sich Ihre Kräfte auf alle kurzfristigen Vorhaben und Absichten. Das Ergebnis wird enttäuschend sein.

- Wenn wir denken, das steht uns nicht zu, werden wir es nicht bekommen
- Wenn wir nur zu gewinnen hoffen, ist darin schon der Zweifel, und wir werden verlieren
- Wenn wir das Leben als Kampf ansehen, werden wir dauernd gefordert werden, damit wir »kämpfen« müssen

- Wenn wir nur wollen, aber nichts tun, geht alle Energie verloren
- Wenn wir sagen, ich bin vom Pech verfolgt, werden wir recht haben
- Wenn wir sagen, ich kann nicht, das ist unmöglich, dann ist es für uns unmöglich, und wir werden scheitern.

Unsere Einstellung zum Erfolg entscheidet primär darüber, ob wir Erfolg haben oder nicht. Nein, Erfolg haben wir immer, denn negative Gedanken, Zweifel und die Einstellung eines Verlierers bringen auch Erfolg; man nennt ihn dann nur Pech oder Unglück. Erfolg haben wir in jedem Fall, denn das Gesetz des Lebens ist auf Erfolg ausgerichtet. Die Form des Erfolges bestimmen wir.

Der Schöpfer hat uns die Handlungsfreiheit überlassen, damit wir eigenständig denken und handeln können.

Erfolg ist kein Geschenk, Erfolg muß erarbeitet werden. Alle erfolgreichen Menschen werden dies bestätigen. Es ist daher Unsinn, wenn nur erzählt wird: Stelle Dir Erfolg vor, und Du wirst Erfolg haben! Wer soll dann die Arbeit tun? Wie soll sich Erfolg denn ausdrücken, wenn ich ihm auf der physischen Ebene keine Gelegenheit dazu gebe? Erfolg haben Sie dann, wenn Sie sich ihn im Geiste *vorstellen* und dann *körperlich* alles tun, was für den Erfolg erforderlich ist. Ein Erfolgreicher sieht sich am Ziel und nimmt nur noch die Chancen wahr, die ihm das Leben bietet. Es erfordert geistige und körperliche Vorbereitung. Diese Weisheit ist nicht mehr ganz neu.

> »In allen Dingen hängt der Erfolg von den Vorbereitungen ab.« *Konfuzius*

Die Vorbereitung beginnt schon im richtigen Denken. Alle erfolgreichen Menschen haben Vorsätze. Sie wissen, daß sie Erfolg haben werden. Der Zeitpunkt ist ihnen noch nicht klar, aber sie sind geistig schon darauf programmiert.

Der Mißerfolg

Der Mißerfolg hat viele Gesichter und tritt in allen Schichten unserer Bevölkerung auf. Hat jemand geschäftlich Erfolg, aber privat ständig Mißerfolg, kann man auch nicht von einem erfolgreichen Leben sprechen. Es sind mehrere Bereiche im Leben, die besondere Aufmerksamkeit verlangen. Davor die Augen zu verschließen wäre unsinnig, denn wir können unserem Schicksal nicht ausweichen. Mißerfolg hat nur dann seine Wirkung, wenn wir uns für unfähig erklären, die Situation zu meistern. Sie können jede Aufgabe im Leben lösen, wenn Sie darangehen und das Notwendige tun. Sicher ist es nicht immer einfach, aber Sie stärken Ihr Selbstvertrauen von Mal zu Mal.

95 Prozent der Menschen geben sich mit Mittelmäßigkeit zufrieden und sind nicht bereit, große Anstrengungen zu unternehmen. Sie klagen und jammern lieber, denn es ist einfacher, die Schuld auf andere zu schieben. Sie sehen Mißerfolg als negativ an. Wenn sie scheitern, sehen sie dies als persönliches Versagen. Wenn erfolgreiche Leute auch so denken würden, würden wir wahrscheinlich noch in Tierfellen umherlaufen.

Der Wissenschaftler Charles Kettering gab Studenten den Rat: »Um ein erfolgreicher Wissenschaftler zu werden, müssen Sie den Mut haben, neunundneunzigmal zu irren, um einmal ans Ziel zu gelangen – und Sie dürfen noch keinen Schaden an Ihrer Seele nehmen!«

Fehler und Irrtümer sind normal und sollten immer als ein Erfolg gewertet werden. Sie sind ein Erfolg, weil Sie nun einen Versuch mehr kennen, wie es nicht funktioniert, und somit die Möglichkeiten, zu versagen, immer geringer werden. Handeln Sie wie Thomas Edison. Er hat über zehntausend Versuche unternommen, bis er die Glühbirne zum Leuchten brachte. Jedes Mißlingen sah er als einen weiteren Erfolg, weil die verbleibenden Möglichkeiten immer mehr eingegrenzt wurden. Mißerfolg, so betrachtet, ist ein Erfolg. Ein Schritt zu Ihrem Erfolg.

Nur wer Fehler macht, kann daraus lernen. Sir Humphrey Davy meinte: »Ich habe mehr aus meinen Fehlern als aus meinen Erfolgen gelernt.«

Ausreden und Entschuldigungen

Für Versagen gibt es unendlich viele Ausreden. Jeder sucht sich seine Entschuldigungen aus, um seinen Mißerfolg zu rechtfertigen. Dies hat aber niemand von uns nötig. Wir sind nur uns selbst eine Antwort schuldig.

Vielleicht überlegen Sie jetzt einmal, was Sie am Erfolg hindern kann.

Die Ausbildung

Viele glauben, um Erfolg zu haben, sei eine bestimmte Schulbildung Voraussetzung. Bildung wird häufig mit Wissensansammlung verwechselt. Dabei kenne ich unendlich viele intelligente, gebildete Menschen, die keine Arbeit haben oder sich um eine Anstellung bemühen müssen. Wissen ist heutzutage genug vorhanden. Ein Hochschulzeugnis ist noch kein Nachweis für Bildung. Bildung hat jemand erst, wenn er sich seine Wünsche erfüllen kann, ohne das Recht anderer zu verletzen. Wissen bringt keinen Vorteil. Erst wenn dieses Wissen zum Vorteil anderer eingesetzt wird, wird es zum Segen. Die größte Intelligenz nützt nichts, wenn sie niemandem hilft. Wir werden nicht für Wissen bezahlt, sondern für den Nutzen, den das Wissen bringt.

Andererseits haben Sie die Möglichkeit, alles notwendige Wissen zu erwerben. Ein Professor braucht ein anderes Wissen als ein Handwerker. Ein Chef ein anderes als ein Sachbearbeiter. Aber alle brauchen sich gegenseitig. Daher ist diese Ausrede nur zutreffend, wenn Sie ein unrealistisches Ziel anpeilen. Ansonsten müssen Sie nur immer das wissen, was Sie zum nächsten Schritt in Richtung Ziel benötigen.

»Dazu bin ich nicht geeignet«

Tatsächlich ist es so, daß wir für bestimmte Aufgaben geeignet sind, für andere weniger. Das ist aber keine Erklärung für Mißerfolg, denn die Betonung liegt auf: »dazu« bin ich nicht geeignet. Wir müssen also einen Bereich suchen, für den wir geeignet sind. Wenn wir uns an anderen orientieren, dann sagen wir, das könnte ich nie. Viele sehen das Vorbild von anderen als die einzige Möglichkeit an, erfolgreich zu werden. Wenn Sie andere nachzuahmen versuchen, können Sie nie Ihren Erfolg haben, weil Sie mit Sicherheit nicht die gleiche Persönlichkeit, die gleiche Ausbildung, gleichviel Geld, dieselben Verbindungen und die gleiche Denkweise haben wie Ihr Vorbild. Sie müssen sich fragen, wozu bin ich denn geeignet, welche Fähigkeiten habe ich, die andere nicht haben.

So zu denken bedeutet, seiner Bestimmung zu folgen.

»Ich bin nichts wert«

Wenn Sie das denken, können Sie darauf warten, daß Ihnen alles mißlingt. Sie werden Enttäuschungen mit Menschen erleben, Sie werden schlecht behandelt, und Sie werden immer vom Pech verfolgt werden. Diese Einstellung ist der beste Beweis, daß die geistigen Gesetze, welche Sie in den folgenden Kapiteln noch kennenlernen werden, funktionieren. »Ihnen geschieht nach Ihrem Glauben.« Hier möchte ich betonen, daß Sie genausoviel wert sind wie jeder andere Mensch auf dieser Welt. Und bedenken Sie eines: Wenn jemand einen hohen Posten bekleidet oder viele Menschen führt, dann sagt das noch lange nichts über seine menschlichen Werte aus.

Konfuzius sagte dazu: »Drei Dinge zeichnen den Hervorragenden aus: Rechtschaffenheit, denn er ist frei von Ängstlichkeit; Weisheit, denn er ist frei von Verwirrung; Kühnheit, denn er ist frei von Furcht.«

Wenn Sie diese Werte schon leben, dann gehören Sie zu den »Hervorragenden«. Denn was unsere Gesellschaft braucht, sind Menschen, die menschlich denken und handeln und ethische Werte bei Mensch und Natur achten.

»Ich möchte reich werden«

Ich höre immer von großen hochtrabenden Plänen, von Millionen, die jemand verdienen will, von großen Autos usw. Viele meiner Bekannten konnte ich in den letzten Jahren beobachten. Manche sind heute schlechter dran als damals, denn sie haben ihre Träume noch immer und Schulden obendrauf. Sie leben über ihre Verhältnisse und springen von einer Idee zur anderen. Sie sehen überall die Chance, schnell viel Geld ohne Arbeit zu machen; es klappt selten. Denn ohne Konzept, ohne klares Ziel und ohne Gegenleistung kommt der Erfolg nicht. Träume vom großen Geld sind in Ordnung, wenn ich dafür bereit bin, zu arbeiten und Einsatz zu bringen. In einem späteren Kapitel kommen wir darauf zu sprechen, wie Sie sich ein realistisches Bild Ihrer Zukunft machen können und dieses auch erreichen.

»Ich habe kein Kapital«

Eine Erklärung, die immer wieder auftaucht. Manche sind der Ansicht, um Erfolg zu haben oder ein Geschäft zu eröffnen, muß man viel Geld haben. Das war vor vielen Jahrzehnten richtig. In unserer Zeit ist genügend Geld vorhanden. Die Bankinstitute leben vom Verleihen. Was fehlt, sind neue Ideen und Mut zum Handeln. Wenn Sie genau wissen, was Sie wollen, einen realistischen Plan erarbeiten und die wirkliche Überzeugung ausstrahlen, daß Sie Ihr Ziel erreichen werden, dann finden Sie schnell Geldgeber. Überzeugen Sie die Bank von Ihrer Idee und legen Sie ein klares Konzept vor. Das Konzept sollte nicht nur eine Gewinnaussicht enthalten, sondern eine Vorausschau in den Markt und in die Zukunft. Kapital ist heute kein Hindernis mehr.

Welche Einstellung haben Sie?

- Heißen Sie Erfolg willkommen, oder fürchten Sie sich vor Erfolg?
- Geben Sie in jeder Situation das Beste, oder unterscheiden Sie, ob es für Sie »was bringt« oder nicht?

- Sind Sie bei allem, was Sie tun, ehrlich und moralisch sauber?
- Können Sie anderen Erfolg gönnen, oder sind Sie neidisch?
- Erkennen Sie, daß Ihr Erfolg immer von Menschen abhängt?
- Achten Sie die Menschen trotz ihrer Fehler und Unterschiede?
- Sind Sie offen für neue Anforderungen und neue Ideen?
- Nehmen Sie Ihre Aufgabe ernst und erfüllen Sie die Erwartungen, die an Sie gestellt werden?
- Grübeln Sie viel, oder zweifeln Sie häufig Ihre Entscheidungen an?
- Konzentrieren Sie sich auf Ihre Stärken, oder wollen Sie ein »Allroundtalent« sein?
- Erfüllen Sie in einer Teamarbeit Ihre Aufgabe optimal?
- Sind Sie sich bewußt, daß Sie für Ihr Schicksal verantwortlich sind?
- Sind Sie eine ganze Persönlichkeit, oder spielen Sie verschiedene Rollen?
- Ist Ihr Beruf für Sie eine Erfüllung, oder tun Sie nur Ihre Pflicht?
- Erwarten Sie von anderen mehr, als Sie selbst bereit sind zu geben?
- Arbeiten Sie an sich und verbessern Sie sich täglich?
- Haben Sie ethische Werte in allen Lebensbereichen?
- Führen Sie angefangene Projekte zu Ende?
- Tun Sie etwas für die Gemeinschaft?
- Sagen Sie ja zum Leben?

Was sagen erfolgreiche Menschen zum Erfolg?

»Es ist 99 Prozent Transpiration und 1 Prozent Inspiration.« *Thomas A. Edison*

»Wenn die Leute wüßten, wie hart ich arbeitete, um zu meinem Meistertum zu gelangen, würde es ihnen gar nicht mehr so wunderbar erscheinen.« *Michelangelo*

»Erfolg kommt nicht zu denen, die warten – und er erwartet auch nicht von jemandem, zu ihm zu kommen.«
Anon

»Ein fester Vorsatz ist das wichtigste Instrument für Erfolg.«
Lord Chesterfield

Sie konnten sicher viele Fragen für sich beantworten. Eine Bewertung überlasse ich ganz allein Ihnen. Sie werden im Verlauf des Lesens merken, daß Sie Ihretwegen unbedingt ehrlich sein müssen. Wenn Sie zu sich selbst nicht ehrlich sind, können Sie keine echte Entwicklung erfahren. Das Schicksal ist absolut gerecht und wertet Ihre innerste Einstellung. Jeder von uns hat Fehler, das ist nicht schlimm. Schlimm ist nur, wenn man diese überspielt, nicht zu sich steht und permanent eine Rolle spielt, die wir eigentlich gar nicht nötig hätten. Dies kostet Kraft und führt zu Frustration und Depression.

Verhalten gestaltet Verhältnisse

Änderung im Außen bedeutet immer zuerst Änderung im *Innern*. Im Griechischen wird Charakter definiert als Prägung »eingeprägt, eingekerbt«, im Duden als die »Gesamtheit der geistig-seelischen Eigenschaften eines Menschen«.

Ein ausgeprägter Charakter hat freundliche, menschliche Wesenszüge als Merkmale. Im Verhalten zu anderen wird ein hoher Maßstab angelegt. Ein guter Charakter wird gute Sprachgewohnheiten haben, und seine Ehrlichkeit wird immer und überall dominieren. Nur Kleingeister haben unlautere Praktiken nötig. Ein Mensch mit gutem Charakter wird ständig an sich arbeiten, ist aber kein Perfektionist. Er ist bereit, Verantwortung für sein Handeln zu übernehmen, und hat es nicht nötig, »Schuldige« zu suchen. Die Wortbedeutung für Charakter ist daher »aussagekräftig«. Im nachfolgenden Zitat erkennt man, daß dies Urweisheiten sind.

> »Säe einen Gedanken und du kannst eine Tat ernten;
> Säe eine Tat und du kannst eine Gewohnheit ernten;
> Säe eine Gewohnheit und du kannst Charakter ernten;
> Säe Charakter und du erfüllst deine Bestimmung.«
>
> *Anon*

Am Anfang aller Dinge steht der Gedanke. Die Gedanken prägen sich im Bewußtsein ein und werden zu einer Denkgewohnheit. Diese Denkgewohnheit wird dann zum Charakter. Den Charakter können wir nur ändern, wenn wir die Denkgewohnheiten ändern.

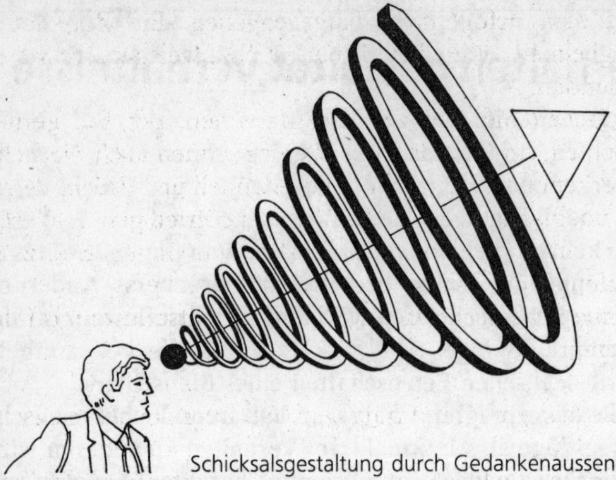

Schicksalsgestaltung durch Gedankenaussendung

Sie haben jederzeit die Chance, Ihre Gewohnheit zu ändern. Wer sagt, das ist nicht möglich, will einfach nicht. Viele flüchten in Ausreden: Das kann ich nicht, ich habe keine Zeit, bin zu alt, ich hatte niemals die Möglichkeit oder andere Sprüche, die bezeugen, daß Sie nicht wollen. Derjenige, der wirklich will, findet einen Weg. Natürlich ist es nicht möglich, von heute auf morgen Gewohnheiten zu ändern, aber wie wollen Sie sich entwickeln, wenn Sie immer in denselben Gleisen fahren. Wie wollen Sie erfolgreicher werden, wenn Sie es nicht zulassen

1. Gedanke
2. Denkgewohnheit
3. Wirkung auf Charakter
4. Integration in den Charakter
5. Verhalten nach außen
6. Feedback entsprechend meinem Verhalten

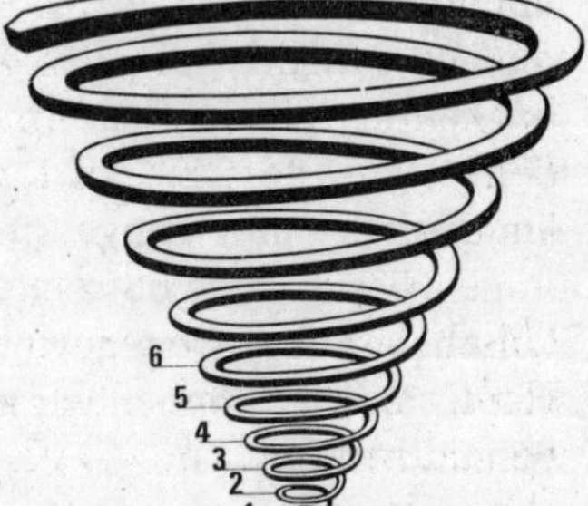

und dem Erfolg nicht entgegengehen. Ein Zug hat keine Möglichkeit, von den Schienen abzuweichen, er ist an sie gebunden.

Machen Sie sich zu dem Menschen, der Sie gerne sein möchten. Im Grunde Ihres Wesens sehnen auch Sie sich nach Anerkennung, Harmonie, Zufriedenheit und Glück. Versuchen Sie unablässig, diese Bedürfnisse zu befriedigen, und erlauben Sie keinem negativen Gedanken, von Ihnen Besitz zu ergreifen.

Eine Prägung in Ihrem Charakter entsteht durch folgende Formel:

Gedanke x Wiederholung x Verhalten = Charakter

Je stärker Sie die Aufmerksamkeit auf eine Sache lenken, und je häufiger Sie dies tun, um so stärker ist die Prägung.

Wenn Ihnen die Verhältnisse Ihres Lebens nicht gefallen, haben Sie jederzeit die Chance, diese zu ändern. Alles, was Sie in Ihrem Leben erleben, spiegelt Ihr Inneres wider. Wollen Sie aus Ihren alten Mustern ausbrechen, müssen Sie versuchen, ein neues Verhalten anzunehmen. Sie alleine steuern Ihr Verhalten. Tun Sie dies bewußt, indem Sie alle Handlungen bewußt und gewollt ausführen, dann werden Sie immer mehr die Verhältnisse gestalten. Genießen Sie bewußt, freuen Sie sich bewußt und denken Sie, bevor Sie handeln, dann werden Sie immer mehr Herr Ihres Schicksals. Alte Verhaltensweisen müssen gänzlich aufgelöst werden, damit Platz für neue Möglichkeiten frei wird. Darum klären Sie zuerst auf der folgenden Seite: Was stört Sie an Ihrem Charakter, was möchten Sie ändern?

Unser Verhalten passen wir nicht immer den Erfordernissen an. Häufig sitzen unsere alten, eingekerbten Programme im Unterbewußtsein fest, und wir verhalten uns so, wie es der eingespeicherte Vorgang vorgibt.

Was stört Sie an Ihrem Charakter?

1.

2.

3.

4.

5.

6.

7.

8.

9.

10.

Fragen Sie sich daher von Zeit zu Zeit, ob Ihr Verhalten noch zeitgerecht ist oder ob Ihre Entwicklung stehengeblieben ist. Vieles, was gestern richtig war, ist heute schon überholt. Dies ist in wirtschaftlichen Beziehungen genauso zutreffend wie in zwischenmenschlichen. Aggressivität kommt von früher eingespeicherten Reaktionen, die wir noch immer in uns haben. Die Natur hat in uns ein Alarmsystem eingerichtet, das uns, wenn Gefahr lauert, schneller als gedacht reagieren läßt. Früher brauchte man diese Reaktion beim Jagen. Wenn plötzlich ein Raubtier hinter dem Jäger auftauchte, hatte er keine Zeit zu überlegen – er mußte sofort handeln. Sofort mußte eine

Entscheidung getroffen werden. Die automatische Reaktion läßt das Herz schneller schlagen. Adrenalin, ein anregendes Hormon aus der Nebennierenrinde, wird in den Blutstrom befördert, und in diesem Moment stoppt es sofort alle jetzt unnötigen Funktionen wie z. B. die Verdauungsarbeit. Das Blut wird mit mehr Sauerstoff versorgt, damit genügend Energie vorhanden ist. Diese Reaktionen sind zu unserem eigenen Schutz einprogrammiert.

In unserer heutigen Zeit können wir solche Reaktionen beim Autofahren beobachten: In schwierigen Situationen reagieren wir »automatisch« richtig; schneller und besser, als wir es planen könnten.

Beim Autofahren können wir noch mehr beobachten: Wenn jemand hinter dem Steuer sitzt, fühlt er sich als »Nichtperson«. Das Auto ist ein Schutz, ja fast ein Kampfanzug für ihn. Hoheitszonen, die im menschlichen Umgang ganz selbstverständlich sind, werden hier mißachtet. Fehler, die im menschlichen Umgang verziehen werden, sind mit dem Auto fast ein Verbrechen. Im Auto fühlt sich der Mensch wie ein Stier in der Arena. Er will sich behaupten. Der Streßpegel ist daher beim Autofahren besonders hoch. Die angestauten Aggressionen können nicht immer ausgelebt werden, und dies führt dazu, daß wir dauernd in Kampfbereitschaft stehen.

Unser Verhalten in diesen Situationen verrät viel von unserem Charakter. Psychologen sagen, daß sich beim Autofahren der wahre Charakter zeigt.

Der Umgang mit den Mitmenschen

Der Mensch ist die Krone der Schöpfung. In der Bibel steht, daß Gott einen Menschen schuf, der ein wenig niedriger als die Engel, »mit Herrschaft versehen«, nach dem Ebenbild Gottes geschaffen war. Gott irrt sich nicht, und deshalb hat er auch Ebenbilder geschaffen, die seiner würdig sind. Der Mensch ist das einzige Wesen der Schöpfung, das denken kann. Der Mensch alleine kann in sein Schicksal eingreifen. Er hat die Macht, mit seinen Gedanken neues, anderes Schicksal zu schaffen. Überprüfen Sie bitte einmal Ihre Ansichten.

- Welche Meinung haben Sie über die Menschen?
- Was denken Sie im Grunde Ihres Herzens?
- Sehen Sie die Einmaligkeit eines jeden?
- Achten Sie die Menschen?
- Achten Sie sich?

Sehen Sie auch *Ihre* Vorzüge, Ihre Einmaligkeiten, oder achten Sie nur auf das, was Ihnen nicht gefällt? Nörgeln Sie nur an sich herum?

Der Mensch als Krönung der Schöpfung ist einmalig. Sein Benehmen aber ist manchmal menschenunwürdig. Menschen helfen uns, Ziele zu erreichen. Menschen sind für uns ein Ansporn, denn sie zeigen uns, was wir können und wo wir unsere Grenzen haben. Erst im Vergleich mit anderen sehen wir, wie gut wir sind; daher brauchen wir den Mitmenschen. Heute mehr denn je, denn die zwischenmenschlichen Beziehungen sind materialistischen Vorstellungen gewichen und in den Hintergrund getreten. Ist es nicht wunderbar, mit Freunden und Bekannten nette Stunden zu verbringen, das Leben zu genießen, konstruktive Gespräche zu führen, zu helfen oder gar gemeinsam Neues zu kreieren? Gibt es Schöneres, als Menschen eine Freude zu bereiten?

Freude durch Freunde

Sind Freunde nicht mehr wert als alles Geld auf der Welt? Ein Mensch ohne Freunde ist arm dran. Wirkliche Freunde sind aber selten – nicht zuletzt, weil wir selbst nicht immer ehrliche Freunde sind.

»Ein Freund ist jemand, der alles von dir weiß und dich trotzdem liebt«, lautet eine alte Weisheit. Und weiter heißt es: »Wer Freunde haben will, muß selbst ein Freund sein.« Wir besinnen uns erst auf die wirklichen Werte im Leben, wenn wir sie brauchen. Dann aber ist es häufig zu spät, denn unser Charakter hat gelitten. Wir müssen zuerst ein guter Freund sein, um dann gute Freunde zu haben. Wer keine Zeit hat, menschliche Kontakte und Freundschaften zu pflegen, wird dann, wenn er sie braucht, niemanden finden. Eine Freundschaft besteht immer aus Geben und Nehmen.

Behandeln Sie andere Menschen so, wie Sie selber gerne behandelt werden möchten, und Sie werden erleben, daß auch Sie besser behandelt werden.

- Wie Sie Ihren Partner behandeln, so werden Sie behandelt.
- Wie Sie Ihren Kunden behandeln, das wird auch Ihre Geschäfte beeinflussen.
- Wie Sie Ihre Mitarbeiter behandeln, zeigt Ihre innere Größe.
- Wie Sie andere Menschen behandeln, von denen Sie keinen Vorteil zu erwarten haben, zeigt Ihre wirkliche Einstellung zu den Menschen.

Nur mit Menschen können Sie Erfolg haben, nur Menschen können Ihren Erfolg anerkennen. Was wäre Ihr Erfolg wert, wenn niemand Sie bewundert, zu Ihnen aufschaut oder Sie lobt? Sie brauchen Menschen, sonst haben Sie keinen Maßstab, keinen Ansporn. Allein deshalb schon sollten wir die Einstellung zu unseren Mitmenschen überprüfen.

> »Für die Gabe, Menschen richtig zu behandeln, zahle ich mehr als für jede andere Fähigkeit unter der Sonne.«
>
> *Rockefeller jun.*

Sieben Regeln im Umgang mit Menschen

1. Achten Sie auf Sachlichkeit

Wenn Sie Meinungsverschiedenheiten haben, achten Sie darauf, daß es um die Sache geht. Sagen Sie Ihrem Gegenüber, daß er als Mensch in Ordnung ist, nur in der Sache mit ihm Differenzen bestünden. Bringen Sie bei allen Rügen und bei jeder Kritik zum Ausdruck, daß Sie nicht den Menschen verurteilen, sondern sein Verhalten.

2. Achten Sie auf Ihre Empfindungen

Welche Grundeinstellung haben Sie zu Menschen, eine schlechte oder gute? – Beide Seiten beeinflussen Ihr Urteil. Lassen Sie nur gute, aufrichtige und positive Empfindungen zu.

3. Beherrschen Sie Ihr Gemüt

Menschen sind verschieden, in ihrem Benehmen und ihrem Ausdruck. Geraten Sie deshalb nicht in Wut, sondern helfen Sie ihnen, Fehler zu vermeiden.

> »Die Größe eines Menschen kann man daran messen, was ihn wütend macht.«

4. Hören Sie gut hin

Lassen Sie Ihr Gegenüber ausreden. Seien Sie ein guter Zuhörer. Mit wenigen Worten kann viel erreicht werden, aber mit viel Worten auch wenig.

5. Nehmen Sie den Menschen wichtig

Jeder Mensch will angenommen werden. Sie brauchen dies, Ihr Gegenüber genauso. Wenn Sie mit Menschen umgehen, sollten Sie es mit ganzem Verstand und ganzem Herzen tun.

6. Stehen Sie zu Ihren Fehlern und Schwächen

Niemand kann von Ihnen verlangen, fehlerfrei zu sein. Wer dies tut, lebt in einer Traumwelt. Jeder Mensch hat seine Stärken. Diese zu nutzen, ist das oberste Ziel, und nicht, ständig an den Schwächen herumzunörgeln.

7. Behandeln Sie andere so, wie Sie selbst gerne behandelt werden möchten!

Diese Regeln, ernst genommen, werden Ihr ganzes Leben bereichern.

> »Willst du für dich leben,
> leb für andere!« *Seneca*

Wir wissen, daß Menschen die Hauptrolle in unserem Dasein spielen. Wir arbeiten für Menschen, mit Menschen. Wir führen Menschen und dienen Menschen. Alles dreht sich um den Menschen.

> »Behandle ich den Menschen, wie er ist,
> so mache ich ihn schlechter.
> Behandle ich ihn, wie er sein könnte,
> so mache ich ihn besser.« *Goethe*

Der Lebenssinn

Es kann wohl nicht nur sein, daß wir uns ernähren, ein Geschäft aufbauen, die Kinder gut erziehen oder einfach nur leben. Es muß doch mehr sein, was den Lebenssinn ausmacht. Der Sinn unseres Daseins ist nicht nur das Überleben, sondern das Wachsen und Reifen. Reifen an der Persönlichkeit und reifen in unserer Seele. Wenn wir zuwenig selbstbewußt sind und unsere Aufmerksamkeit nur auf unsere Probleme richten, haben wir keine Zeit, an uns zu arbeiten, und das Leben zieht an uns vorüber. Erst wenn wir nach einem Sinn suchen, werden wir auch eine Antwort darauf bekommen.

Das Leben ist eine sich selbst erfüllende Prophezeiung. Wir bekommen immer das, was wir selbst voraussehen. Wir

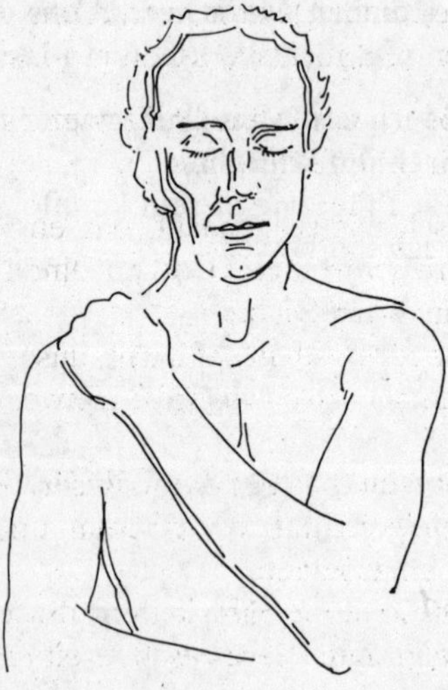

Furcht mit verschlossenen Augen.

bekommen nicht nur das, was wir uns wünschen, sondern auch das, was wir befürchten.

Das Leben kennt keine Niederlage, es kennt nur Entwicklung. Alles, was geschieht, hat seinen Sinn. Das Leben ist das, was wir daraus machen. Unendliche Macht ist in jedem von uns; die Frage ist nur, wie gebrauchen wir diese Macht? Viele sind sich ihrer Macht gar nicht bewußt und glauben, andere seien besser oder könnten mehr. Diese Ansichten sind nur in unserem Bewußtsein vorhanden, weil wir damit be-werten. Wir drücken den Geschehnissen unseren Stempel auf, der wiederum geprägt ist von unserem geistigen Horizont. Jeder Mensch besitzt Macht über sich. Jeder lebt, weil er eine Aufgabe zu erfüllen hat. Niemand ist überflüssig.

Wer die Augen nur verschließt und zu bequem ist, darüber nachzudenken, wird nie eine Antwort auf die Frage nach dem Sinn seines Lebens finden. Wer nicht selbständig denkt und die Antworten auf offene Fragen sucht, wer nur anderen alles glaubt, der ist eine Marionette und lebt am eigenen Leben vorbei.

Die Fähigkeit zum Denken wurde uns gegeben, damit wir diese benützen und nicht verkümmern lassen.

> »Die Größe eines Menschen hängt nicht von der Größe seines Wirkungsfeldes ab.« *Erich Kästner*

Was ein Mensch aus sich macht, das entscheidet über seine Größe. Ein Sprichwort sagt: »Gott hat einen Plan für jeden, und er hat auch einen für Dich.«

Die Aufgabe für uns besteht darin, unseren richtigen Ort zu finden. Manchmal müssen wir viele Umwege gehen, bis wir am Ziel sind.

Unser Lebenssinn besteht darin, unsere Fähigkeiten zu entdecken, sie zielgerichtet zu unserem und zum Wohle der Gemeinschaft einzusetzen.

Sie haben besondere Fähigkeiten, die einmalig sind, weil auch Sie einmalig sind. Diese besonderen Fähigkeiten bestehen nicht darin, neue weltbewegende Entdeckungen zu machen, sondern es ist die Kombination aus Ihrer Erfahrung und Ihrer Persönlichkeit, in Ihrem Wirkungskreis.

In einer Studie wurde herausgefunden, daß der Erfolg meistens nur 2 Prozent Vorsprung vor dem Mißerfolg hat.

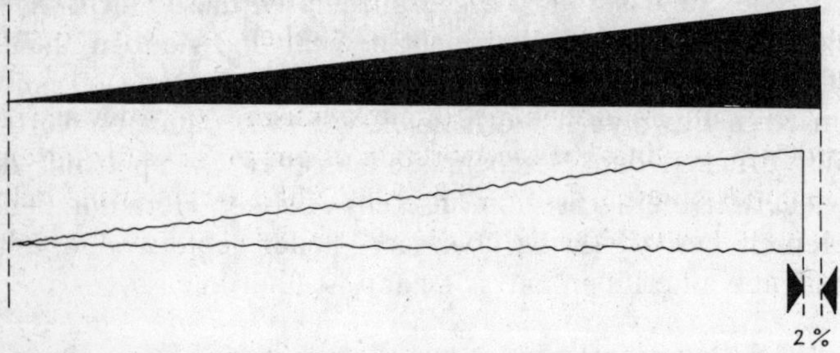

2 Prozent Vorsprung entscheiden über Erfolg oder Mißerfolg.

Das hängt mit besonderen Fähigkeiten zusammen. Wenn Sie in einer Sache nur einen minimalen Vorsprung haben und diesen richtig einsetzen, kommen Sie Ihrer Bestimmung immer näher. Geld, Freiheit oder Auszeichnungen sind dann die logische, unabwendbare Folge davon. Wenn Sie den richtigen Platz gefunden haben, genügt es, diesen kleinen, aber entscheidenden Vorsprung zu halten oder auszubauen, um wirklich Freude an der Arbeit und dem Dasein zu haben.

Wenn Sie besondere Fähigkeiten haben, dann können Sie damit Neues schaffen. Sie können neue Antworten auf Probleme finden, ein Geschäft aufbauen und anderen Arbeit geben. Sie können neue Dinge erfinden, die das Leben bereichern, Sie können anderen Menschen helfen, ihren Seelenfrieden zu finden. Sie können Ihr eigenes Leben reich gestalten, wenn Sie Ihre wahren Fähigkeiten konzentriert einsetzen. Sie werden im Leben nicht immer sofort die Dinge bekommen, die Sie wollen, aber auf lange Sicht bekommen Sie das, was Sie erwarten. Was Sie heute im Bewußtsein halten und sich wünschen, oder auch was Sie befürchten, wird sich auf lange Sicht einstellen.

Gott hat einen Plan für Sie, in dem Sie die Hauptrolle spielen. Er hat Sie einmalig geschaffen, und Sie können im Leben alles erreichen. Solange Sie nicht Ihren Plan erfüllen, werden Sie nicht die innere Ruhe und Zufriedenheit finden. Die Schwierigkeit besteht darin, Ihre Bestimmung zu finden. Es ist ein Problem, weil wir uns nicht auf das besinnen, was wir haben und können, sondern immer nur das sehen, was wir möchten und nicht können.

Ziele und Wünsche helfen uns, unsere Bestimmung zu finden. Allerdings müssen wir mindestens in Richtung unserer Ziele marschieren. Bloßes Wünschen nützt nichts, wenn keine Tat folgt. Wünsche sind Vorboten von Möglichkeiten, die in uns liegen.

Wem Gott einen Wunsch gibt, dem gibt er auch die Kraft, ihn zu verwirklichen.

Wünsche und Probleme sind eng miteinander verknüpft. Ein Wunsch wird zum Problem, wenn wir die Realisierung nicht für möglich halten. Hinter jedem Wunsch stecken immer mehrere Motive. Der Wunsch nach Geld verbirgt bei dem einen das Motiv, endlich ein Haus kaufen zu können, beim nächsten, ein großes Auto zu fahren oder Urlaub zu machen, Anerkennung zu bekommen oder Macht ausüben zu können.

Wir sagten eingangs, wir leben in einer vernetzten Welt. Dies gilt auch für uns persönlich. Ein Wunsch wirkt auf Ihr Verhalten und aktiviert alle Sinne, im positiven wie im negativen. Positiv gesehen ist ein Wunsch ein Ansporn zum Suchen, Arbeiten und Handeln. Negativ gesehen kann es ein Ansporn sein, bei anderen zu zerstören, was man glaubt, selbst nie besitzen zu können.

Nehmen wir einmal an, Sie haben folgende Wünsche: Ich möchte mit meiner Familie einen großen Urlaub machen, wir möchten uns neu einkleiden und einmal ein eigenes Haus besitzen.

Was haben alle Wünsche gemeinsam? Sie benötigen Geld,

um sich diese Dinge zu erfüllen. Folglich ist Ihr Problem zu wenig Geld. Denn hätten Sie genug davon, wären diese Wünsche schon Realität.

Es genügt nun nicht, dauernd über die Wünsche nachzudenken, sondern Sie müssen sich damit beschäftigen, wie Sie mehr Geld verdienen können.

Wie verdienen Sie mehr Geld? Nicht, indem Sie mehr arbeiten, sondern indem Sie zuerst einmal gründlich nachdenken und eine Stoffsammlung aufschreiben, wie wir es später tun werden, dann einen Plan ausarbeiten, wie Sie vorgehen wollen, und letztlich diesen in die Tat umsetzen. Sie erfüllen dabei den Plan Ihrer Bestimmung, wenn Sie Ihre Fähigkeiten zur Problemlösung dort einsetzen, wo Sie Menschen helfen, Ihre Probleme zu lösen und Ihre Wünsche zu erfüllen.

Sie können sich immer wieder fragen:

- Dient das, was ich tue, der Verbesserung?
- Warum tue ich das?
- Wohin will ich schreiten?
- Gebe ich immer das Beste?

Problemlösung statt Problemdenken

Warum achten wir so sehr auf Probleme und Schwierigkeiten? Warum übersehen wir die Aufgabe, die hinter einem Problem steht? Haben Sie sich schon einmal Gedanken gemacht, warum gerade Sie diese Probleme haben?

Probleme sind vom Schicksal ausgewählte, notwendige Lektionen, die wir lernen müssen. (*Notwendig:* Es wird etwas gewendet.) Ein Problem ist immer eine Aufgabe, die uns zum Nachdenken zwingt. Wir müssen eine Lösung finden, damit das Problem verschwindet. Dabei erweitern wir unsere Erfahrung und unser Bewußtsein. Nach jedem gelösten Problem sind Sie ein wenig reifer geworden. Sie entwickeln dadurch Ihre Per-

Energiefeld »Mensch«.

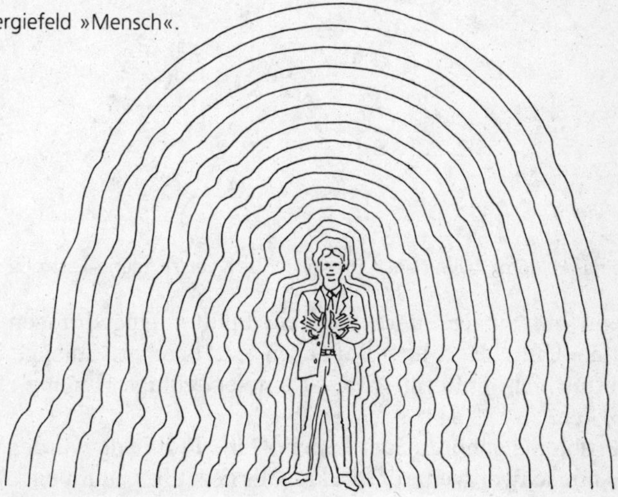

sönlichkeit. Wer vor Problemen flüchtet, wird immer mehr davon bekommen. Wer sich seinen Problemen stellt, wird merken, daß sie sich nicht wiederholen.

Gedanken sind Energien, deshalb zieht Problemdenken neue Probleme an. Wie bei einem Magnetfeld gruppieren sich immer mehr Probleme um einen Hauptkern, solange dieser nicht beseitigt wurde. Bei allen Problemen müssen wir die Ursache beseitigen und nicht ein Randproblem.

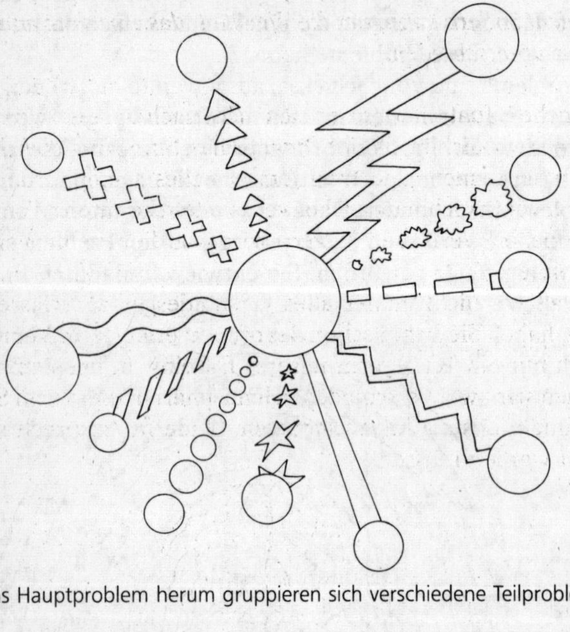

Um das Hauptproblem herum gruppieren sich verschiedene Teilprobleme.

Wenn ein Finger eitert, weil ein Splitter eingedrungen ist, helfen Umschläge und Bandagen nur bedingt. Solange der Splitter nicht entfernt wird, ist eine endgültige Heilung nicht möglich.

Probleme gehören zum Leben. Ohne Probleme würden wir uns nur schwer weiterentwickeln. Es liegt aber an Ihnen, ob es sich um ein Problem oder eine Aufgabe handelt. Ihre Einstellung ist entscheidend. Probleme sind Leitlinien und keine Stoppsignale. Es gibt kein unlösbares Problem. Es gibt immer nur zwei Möglichkeiten. Entweder wir können die Umstände ändern oder, sollte dies nicht möglich sein, wir müssen unsere Einstellung ändern. Eine religiöse Formel hierzu hat mir in vielen Fällen geholfen:

Ich bitte um die Kraft, Dinge zu ändern, die ich ändern kann, um die Gelassenheit, die Dinge zu ertragen, die ich nicht ändern kann, um die Weisheit, das eine vom anderen zu unterscheiden.

Manche Situationen lassen sich nicht nach unseren Vorstellungen verwirklichen. Es gibt Dinge, deren Sinn wir vielleicht nicht sofort erkennen, und trotzdem hat alles seinen Grund, auch wenn wir manchmal darüber verzweifeln könnten. Wenn Sie in das Leben Vertrauen setzen, wird das Leben Ihr Vertrauen belohnen.

Daß wir nicht immer alles verstandesgemäß erfassen können, haben Sie sicher schon des öfteren erlebt. Der Verstand ist auch nur ein Teilbereich unseres Daseins. In unserem Gehirn haben wir zwei verschiedene Hemisphären, die, wenn Sie eine optimale Lösung haben möchten, beide in Anspruch genommen werden müssen.

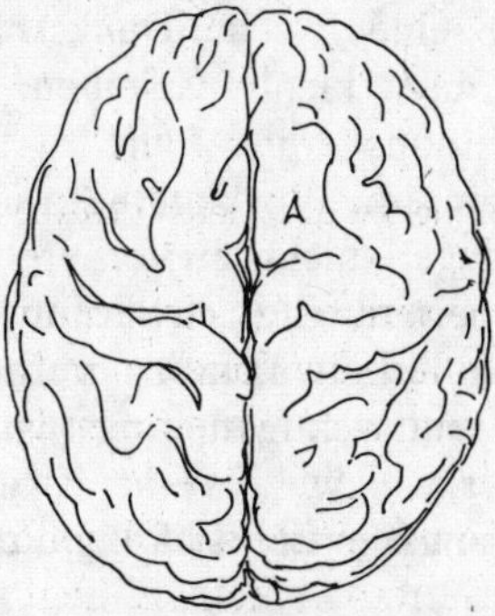

Die linke und rechte Gehirnhemisphäre des Menschen.

Unser Gehirn ist geteilt in die linke Gehirnhemisphäre, die zuständig ist für:

- verbale Kommunikation
- logisches, rationales Denken
- für serielles Denken (Schritt für Schritt)

und in die rechte Gehirnhemisphäre, die:

- nonverbal ist
- intuitiv Musik und Orientierung erfaßt
- für Gefühle und Träume da ist
- für paralleles Denken (Gesamteindruck erfassend).

Zur Problemlösung müssen wir beide Gehirnhälften einsetzen, die Logik und die Intuition. Die Kunst ist, nicht zu verharren und sich für neue Lösungen zu blockieren. Das Licht vertreibt die Finsternis, der positive Gedanke den negativen.

Was passiert beim Problemdenken?

Wir geben unserem Gehirn eine Denkrichtung vor, die dann dem Unterbewußtsein als Hinweis oder Befehl übermittelt wird. Das Unterbewußtsein seinerseits wird alles daransetzen, diese Ihre Vorstellung zu verwirklichen. Ihr Verhalten im Leben wird durch die Gedanken geprägt, die in Ihnen vorherrschen. Haben Sie eine falsche Denkstrategie, werden die gefürchteten Ergebnisse nicht ausbleiben.

Angst vor Eigentumsverlust führt zu falschem Verhalten gegenüber Besitztümern. Wir klammern uns fest und müssen viel Energie aufbringen, nichts zu verlieren. Angst vor Krankheit bewirkt eine permanente Schwächung unseres Immunsystems. Angst, den Arbeitsplatz zu verlieren, kann unsere Leistung enorm beeinträchtigen. Angst ist in allen Fällen ein schlechter Ratgeber, weil wir aus einer Zwangssituation heraus urteilen. Zukunftsangst entsteht häufig durch einseitig falsche Denkstrategie.

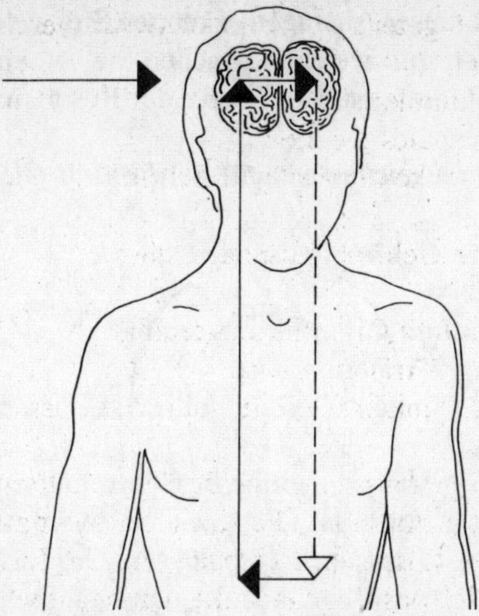

Wir haben damit geklärt, welche »Vorteile« Sie von Problemen haben und wo diese Sie behindern. Lassen Sie uns nun an die Arbeit gehen und Probleme lösen. Der erste Schritt beginnt beim Denken und Sprechen.

Überprüfen Sie sich:	ja /	nein /	teilweise
Sprechen Sie gerne bei jeder Gelegenheit über Ihre Probleme?	○	○	○
Grübeln Sie häufig im stillen über Ihre Probleme nach?	○	○	○
Sagen Sie des öfteren			
– ich kann nicht?	○	○	○
– das ist unmöglich?	○	○	○
Denken Sie			
– überwiegend konstruktiv?	○	○	○
– überwiegend positiv?	○	○	○

Allein aufgrund dieser Aussagen erkennen Sie, welche Gedanken vorherrschen und welche Ursachen Sie setzen.

Ein geistiges Gesetz ist das Gesetz der Resonanz:

Gleiches zieht Gleiches an und wird durch Gleiches ergänzt.

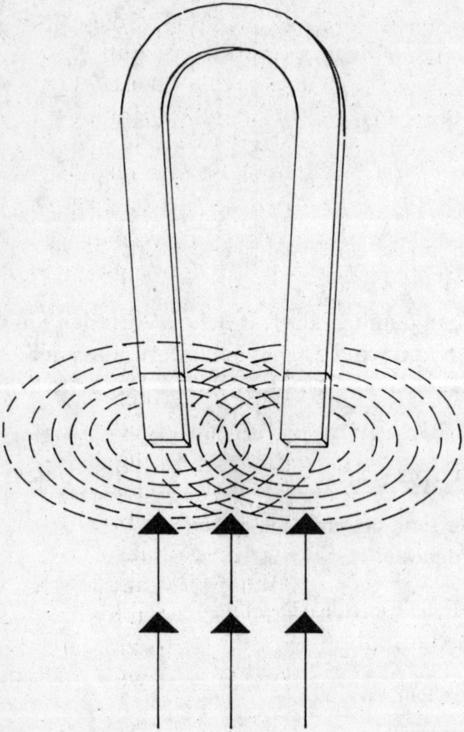

Was in Ihrem Geiste vorherrscht, zieht Gleiches an, ohne Wertung, ohne abzuwägen, ob gut oder schlecht. Wenn Sie immer das Gefühl haben, Ihnen mißlingt alles, werden Sie in Ihrem Leben immer wieder die Bestätigung bekommen. Vieles wird Ihnen mißlingen, sosehr Sie sich auch anstrengen.

Ändern Sie Ihre Denkstrategie sofort:
– Akzeptieren Sie, daß Probleme ein selbstverständlicher Teil Ihres Leben sind
– Fürchten Sie sich nicht vor Problemen
– Lösen Sie Probleme, sobald sie auftauchen; warten Sie nicht, bis sich ein Problem dem anderen angliedert
– Arbeiten Sie bei einer Problemlösung immer schriftlich, denn es ist unmöglich, alle Details eines Problems im Kopf zu halten, und Sie blockieren dadurch unnötig Ihre Kreativität. Jeder Architekt erstellt für ein Haus zuerst einen Plan; auch wenn er dieses Haus schon fünfzigmal gebaut hat, überläßt er nichts dem Zufall
– Streichen Sie das Wort »unmöglich« aus Ihrem Wortschatz, und sagen Sie sich vielmehr: »Es ist unter diesen Umständen nicht möglich. Wie kann ich also andere Umstände schaffen, unter denen es möglich ist?«
– Versuchen Sie immer den Hinweis des Schicksals zu erkennen, der hinter diesem Problem steckt: Was sollen Sie daraus erkennen, was ist die Aufgabe, damit sich dieses Problem nicht mehr wiederholt?
– Seien Sie nicht zu stolz, sich von anderen Menschen helfen zu lassen. Das Schicksal bedient sich oft unerklärlicher Wege, um Ihnen zu helfen. Denken Sie daran, heute hilft Ihnen jemand, morgen können *Sie* jemandem helfen. Im Leben beruht alles auf Geben und Nehmen.

Ein positiver Mensch ist kein Träumer, der denkt, im Leben gäbe es keine Probleme. Er erkennt, daß alle Schwierigkeiten für ihn sind, nicht gegen ihn. Probleme haben nur das Gewicht, das Sie ihnen geben.

> »Jede Zeit hat ihre Aufgabe, und durch die Lösung derselben rückt die Menschheit weiter.«
>
> *Heinrich Heine*

Schritte zur Problemlösung

Schreiben Sie alle Probleme nieder, die Sie haben, ohne Rangfolge.

Ordnen Sie den Problemen Prioritäten zu.

A – das Wichtigste:

B – das Zweitwichtigste:

C – das Drittwichtigste:

Ein A-Problem hat absoluten Vorrang. Erst wenn dies gelöst ist, schreiten Sie zum nächstliegenden Problem B weiter und dann zu Problem C. Diese Aufteilung ist wichtig, weil wir dann den größtmöglichen Erfolg haben, wenn wir unsere ganze Aufmerksamkeit einer einzigen Sache widmen.

Formulieren Sie nun, auf Ihre Art, Ihr größtes Problem, das A-Problem. Worin behindert es Sie, was wäre anders, wenn dieses Problem nicht da wäre? Was stört Sie? Bitte schreiben Sie nun Ihr Problem nieder:

Nachstehend listen Sie nun auf, welche Teilaspekte Ihr Problem beinhaltet. Jedes Problem ist eine Konzentration von vielen kleinen Aspekten. Sie gruppieren sich wie ein Magnetfeld um den Hauptkern des Problems. Meistens sind die Randprobleme klein und scheinbar unbedeutend. Aber genau hier gilt es bei richtiger Vorgehensweise anzusetzen. Wenn Sie ein kleines Randproblem nach dem anderen lösen, schrauben Sie sich immer mehr in das Hauptproblem hinein und dessen Lösung wird einfacher, ja manchmal löst es sich von alleine. Entscheidend dabei ist, daß Sie jedes Teilproblem, das Sie gelöst haben, als Motivation sehen und so leichter und schneller ans Ziel kommen. Mit jedem Schritt gehen Sie ihrem Ziel einen Schritt näher. Sie »schrauben« sich in die Lösung hinein.

Ein Beispiel: Das A-Problem ist Arbeitsüberlastung. Dieses Problem beinhaltet unter anderem folgende Teilaspekte:

- Streß
- Schlechter Schlaf
- Gefährdung der Gesundheit
- Konzentrationsschwierigkeiten
- Fehlende Gründlichkeit
- Ärger
- Demotivation usw.

Die Punkte sind individuell verschieden. Wenn Sie nun alles auf einmal in Ordnung bringen möchten, ist dies schwierig. In kleine Schritte aufgeteilt ist es aber leicht:

1. Sie fragen sich, »was kann ich sofort tun?«
2. Sie tragen täglich etwas zur Lösung bei
3. Sie fühlen sich wohler und motivieren sich
4. Sie sehen Fortschritte, die Lösung rückt näher

5. Sie nehmen sich ein Teilproblem nach dem anderen vor und steigen immer höher, bis das Ziel erreicht ist

Schreiben Sie nun in Stichpunkten die Randprobleme um Ihr A-Problem auf, zunächst einmal ohne Rangfolge.

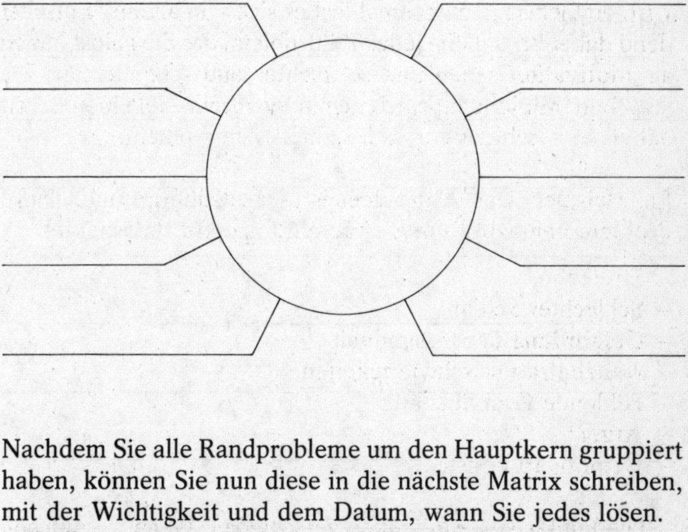

Nachdem Sie alle Randprobleme um den Hauptkern gruppiert haben, können Sie nun diese in die nächste Matrix schreiben, mit der Wichtigkeit und dem Datum, wann Sie jedes lösen.

Wollen wir ein Problem auf Anhieb lösen, welches zu komplex ist, und sehen wir nicht schnell genug Fortschritte, so läßt unsere Motivation nach. Jedes Problem muß solange aufgegliedert werden, bis uns die einzelnen Schritte vollziehbar erscheinen.

Manches können Sie sofort lösen, z. B. Ihre Einstellung. Andere kleine Schritte erfordern nur etwas Disziplin und Aufmerksamkeit, damit sie gelöst werden. Notieren Sie sich daher das Datum, wann Sie was lösen. Sie werden sehen, wie leicht plötzlich komplexe Probleme zu lösen sind. Das Geheimnis liegt darin, daß die Schritte für unser Bewußtsein »glaubhaft« sein müssen. Sind sie das nicht, hindern wir uns durch Zweifel und Demotivation am Erreichen des Zieles.

Klären Sie, was Sie sofort und ohne großen Einsatz ändern können, und tun Sie das. Die Zeit schreitet voran und kehrt nicht mehr wieder. Daher sollten Sie alles Mögliche im »Jetzt« tun.

Teilschritte	Beginn	Erledigt bis
1.		
2.		
3.		
4.		
5.		
6.		
7.		
8.		
9.		
10.		

»Wir können nur das erreichen, was wir glauben und geistig erfassen können.«

Versuchen Sie, bei einer Treppe fünf Stufen mit einem Schritt zu besteigen. Was passiert? Sie haben nicht mehr genügend Spielraum, damit Sie sich mit dem hinteren Fuß abstoßen können. Sie laufen auch Gefahr, hinzufallen oder abzurutschen. Steigen Sie aber eine Stufe nach der anderen empor, dann kommen Sie ohne Risiko oben an. Mit einem Problem verhält es sich genauso.

> »Meter für Meter ist das Leben hart, Zentimeter für Zentimeter ein Kinderspiel.«

Der geistige Horizont

Warum ist für manche Menschen das Leben ein leichtes Spiel, für andere ein unendlicher Kampf? Wie kommt es, daß manche die Erfolgsleiter emporsteigen und andere nur neidvoll hinaufsehen? Ist es denn in unseren Graden nicht für jeden möglich, etwas aus sich zu machen? Was ist es denn, was einen abhalten kann, Erfolg zu haben?

- Ist es die fehlende Ausbildung?
- Ist es das Alter oder die Jugend?
- Ist es die fehlende Chance?
- Ist es die schlechte Gesundheit?
- Ist es die mangelnde Intelligenz?
- Sind es die fehlenden Kontakte?
- Fehlt Ihnen die Zeit dazu?

Ausreden für den fehlenden Erfolg gibt es genügend. Aber jede Ausrede hat nur die Macht, die Sie ihr geben (wir haben dies schon ausführlich behandelt). Natürlich hat jeder Mensch andere Möglichkeiten und eine andere Ausgangssituation. Aber gerade das ist der Sinn des Lebens, daß wir uns ergänzen und nicht konkurrieren. Ein Problem entsteht erst, wenn Sie Ihre eigenen Stärken vergessen und nur darauf achten, was Sie nicht können. All diese genannten Faktoren sind in Ihrem geistigen Horizont festgeschrieben. Er wurde geprägt durch: Erziehung, Schulbildung, Beruf, Sport, Freunde und Bekanntenkreis, um nur einige von den Einflüssen zu nennen. Wurde Ihnen als Kind immer eingeredet: »Laß das, das kannst Du ja doch nicht« oder: »Du taugst nichts, nichts machst Du richtig«, dann können solche Suggestionen ein ganzes Leben lang auf Sie wirken. Ich höre immer eine typische Klage über Eltern: »Die haben mich zu dem gemacht, was ich heute bin.« Meistens sind die Vorwürfe hart und wahr, denn die Einflüsse mancher Eltern sind zwar gut gemeint, aber häufig schlecht in der Auswirkung.

Viele Kinder werden in eine Rolle gezwängt, in der sie sich weder entfalten noch in irgendeiner Form ihrer Meinung nachgehen können. Viele Eltern wollen, daß die Kinder das erreichen, was sie selbst nicht bekamen, ohne Rücksicht auf die Entfaltungsbedürfnisse der armen Opfer. Aber wir müssen gerechterweise sagen, daß es die Eltern nur gut meinen und nicht fähig sind, sich anders zu verhalten.

Die Eltern können nur kurze Zeit die Kinder prägen. Sobald Sie selbständig denken und handeln können, müßte die Selbsterziehung einsetzen. Dann nämlich haben Sie die Möglichkeit, sich zu dem zu machen, der Sie sein möchten. Bei manchen fängt die Selbsterziehung mit fünfzehn Jahren an, und bei manchen ist sie mit fünfzig noch nicht eingetreten. Es liegt immer an der Person selbst. Der Volksmund sagt: Die meisten Menschen werden nur alt, die wenigsten erwachsen.

Ihr geistiger Horizont ist geprägt von allen äußeren Erfahrungen und allen Einflüssen, die Sie zulassen. Jede Situation, jedes Problem wird nun aus Ihrer Sicht beurteilt. Alles, was sich innerhalb Ihres geistigen Horizonts befindet, ist für Sie selbstverständlich; alles, was außerhalb liegt, für Sie nicht faßbar. Bei der Lösung eines Problems werden Sie gezwungen, Ihren Horizont zu erweitern, um eine Lösung zu finden. Nach der Lösung sind Sie wieder ein Stückchen reifer geworden – das ist Entwicklung.

Rekapitulieren wir noch einmal: Alles, was sich innerhalb Ihrer Sicht befindet, ist für Sie selbstverständlich. Befindet es sich außerhalb, ist dies für Sie »noch« ein Problem, es ist noch nicht in Ihrem Erfahrungsbereich.

Um diesen geistigen Horizont zu erweitern, ist es wichtig, extreme Meinungen aufzugeben und sich extrovertiert zu verhalten. Solange Sie sich immer in Ihren eingefahrenen

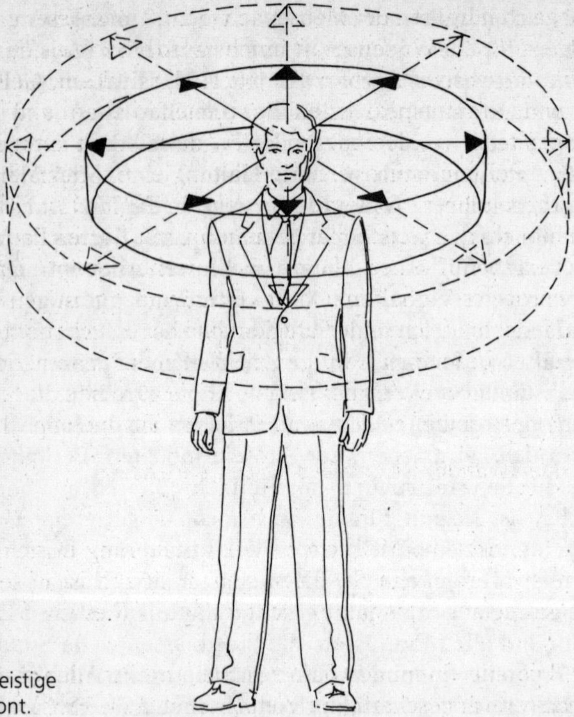

Der geistige
Horizont.

Schienen innerhalb Ihres Horizonts bewegen, können Sie keine neuen Erkenntnisse und Meinungen sammeln. Sie isolieren sich damit in Ihrer Welt. Jeder von uns lebt sowieso in seiner eigenen, selbstgeschaffenen Wirklichkeit. Wunderbar dabei ist, daß wir jederzeit die Möglichkeit haben, unsere Einsichten zu ändern und eine neue Welt zu schaffen. Wie erfahren Sie neue Einsichten? Ganz einfach: durch aufmerksames Zuhören, Fragen und durch Achtsamkeit. Die dynamische Entwicklung des Lebens fordert von uns immer neues Umdenken, immer das Erkennen und Annehmen von neuen Wahrheiten.

Ein passendes Beispiel ist die Medizin. In den letzten dreißig Jahren gab es so unendlich viele Siege der Medizin, wie vorher in der ganzen Epoche der Menschheit nicht. Trotz dieser großen Erfolge stößt die Wissenschaft immer wieder an ihre Grenzen. In Zukunft werden Ärzte mehr mit Heilpraktikern, Geistheilern und Kräuterspezialisten zusammenarbeiten und viele andere alternative Heilmethoden in ihre Arbeit integrieren müssen, weil eine introvertierte Haltung einer Spezialgruppe die Ganzheit ihrer Probleme übersieht. In England ist es heute schon üblich, daß Geistheiler gemeinsam mit Ärzten Patienten besuchen, wenn einer alleine nicht weiterkommt. Das ist extrovertiertes Verhalten und Erweiterung des geistigen Horizonts. Jeder weiß um seine Fähigkeit und hat es nicht nötig, den anderen zu bekriegen, »weil er nicht meiner Meinung ist«.

Um in allen Bereichen des Lebens Erfolg zu haben, ist es auch für uns notwendig, eine neue Denkweise anzunehmen.

> »Der Wandel ist das Gesetz des Lebens.«
>
> *J. F. Kennedy*

Jeder Tag birgt die Möglichkeit der Erneuerung in sich. Das Leben ist offen, wenn *Sie* offen sind. Niemand ist in seinem Schicksal gefangen, wenn er nicht zuläßt, daß es ihn fängt.

Es sind gerade einhundert Jahre vorbei, seit Präsident Lincoln die Sklaverei abgeschafft hat. Wenn ich heute die Probleme der Menschen ansehe, die mich anrufen und persönlichen Rat holen, dann sehe ich so etwas wie eine neue Art der Sklaverei: die Selbstversklavung. Damit meine ich die Unzufriedenheit, den Neid, die unerfüllten Sehnsüchte und zu großen Wünsche. Wir merken es nicht und versklaven uns durch irrationale Vorstellungen ein Leben lang selbst. Wir hetzen Zielen hinterher, die wir uns nicht selbst vorgeben, sondern lassen uns von den Traummachern in den Medien und anderen suggestiven Kräften leiten.

Niemand hat das nötig, niemand zwingt uns dazu. Es ist unsere eigene Einstellung, unsere *Denkstrategie*. Um unsere Welt zu ändern, müssen wir uns ändern. Erziehen wir uns zu Menschlichkeit, zu Selbstvertrauen, zu Selbstverwirklichung, und wir werden freier und glücklicher leben. Glück ist kein äußerer, sondern ein innerer Zustand. Sie können sich sofort entscheiden, glücklich zu sein, egal wie schwierig Ihre Situation ist. Was hindert uns daran? Der Umstand, daß wir sagen, ich kann erst glücklich sein, wenn ich das oder jenes erreicht habe? Wenn wir so denken, machen wir das Glück von äußeren Umständen abhängig. Wir geben äußeren Faktoren die Macht, über unser Wohlbefinden zu bestimmen. Ist das richtig? Ich meine: Nein!

Unser Bestreben muß es sein, frei und glücklich zu leben und innere Harmonie zu finden. Ich kenne Menschen, die alles haben und doch unglücklich sind, und ich kenne andere, die nur das Lebensnotwendige haben und vollkommen glücklich sind. Ihre Einstellung zum Leben, zum Beruf oder zu den Menschen bestimmt, was Sie anziehen. Alles, worauf Sie sich geistig *eingestellt* haben, ist in Ihrem geistigen Horizont vorhanden und wird Ihr Leben beeinflussen. Diese Ihre eigene Einstellung wirkt permanent auf Ihr Schicksal. Sie alleine haben es in der Hand, dies zu ändern. Stellen Sie sich daher auf positive Ereignisse ein, auf positive Menschen, auf wünschenswertes Schicksal und auf erstrebenswerte Ziele!

Die Macht der Gedanken

Wir können Gedanken nicht sehen, und doch existieren sie. Sie können einen anspornen oder zum Wahnsinn treiben. Niemand kann sie beim anderen beeinflussen, wenn der es nicht zuläßt. Wir können beim Menschen alles sehen; seine Gedanken jedoch nicht. Die Gedanken sind frei, sagt man im Volksmund. Sind sie das? Können Sie denken, was Sie möchten? Sie werden sagen: sicher kann ich das! Trotzdem sind die Gedanken nur zum Teil frei, weil wir nicht selbständig denken. Wir lassen denken. Ein Wissenschaftler sagte, wir denken täglich fünfzigtausend Gedanken. Weiterhin wurde festgestellt, daß nur 3 bis 5 Prozent neu Gedachtes dazukommt. Der Rest wird wiederholt. Es ist geistiges Wiederkauen. Gedankenmuster setzen sich fest und steuern Ihr weiteres Denken. Sie erinnern sich an den geistigen Horizont. So wird er geprägt.

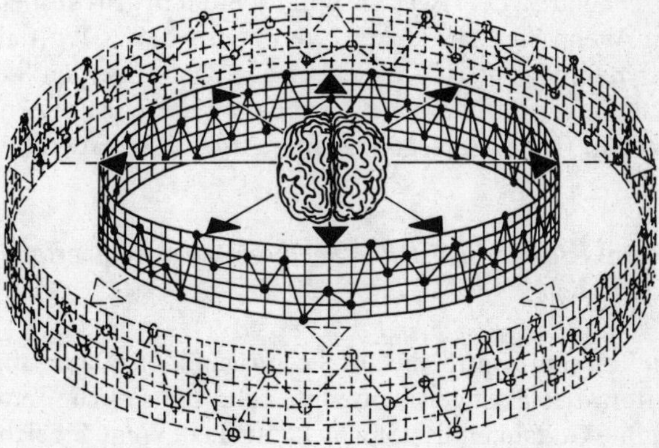

Gehirn mit Denkmustern.

Alle Erfahrungen sind in Ihrem Gehirn gespeichert. Neue Eindrücke werden nur verglichen und angeknüpft. Es ist schwierig, Gedanken zu beschreiben, wir können nur Ereignisse im Leben beschreiben. Überlegen Sie, was Sie die letzten fünf Minuten gedacht haben!

Ist es schwierig? Meistens ja, weil wir nicht bewußt denken. Die Gedankenprozesse laufen automatisch ab. Gedanken sind Kräfte, und die wirken. Trotzdem wissen die wenigsten um ihre Macht. Unsere Gedanken entscheiden über unser Schicksal. Wer denkt nun bei uns? Denkt unsere Umwelt für uns? Sind wir bereit, die Verantwortung für unser Leben zu übernehmen, dann müssen wir auch bereit sein, an unseren Gedanken zu arbeiten. An den Gedanken zu arbeiten bedeutet, daß wir wissen sollten, was wir denken, damit wir entscheiden können, ob wir es denken wollen oder nicht. Die geistige Ernährung sind unsere Gedanken. Sie haben die Macht, sich krank oder sich gesund zu denken. Worte sind ausgesprochene Gedanken. Wir gebrauchen sie leichtfertig, manchmal ohne zu überlegen. Überlegen Sie einmal, was aus einem Wort in Verbindung mit Ihren Gedanken entstehen kann!

Beispielsweise wenn Ihnen jemand sagt, Sie sind faul! Berührt es Sie, regen Sie sich auf oder lachen Sie? Sie reagieren entsprechend zu dem, was Sie unter diesem Begriff gespeichert haben. Wenn Sie klar denken, werden Sie dieses Wort als das hinnehmen, was es ist – eine Aussage. Dann werden Sie sich Ihre Gedanken darüber machen und entweder zustimmen oder verneinen. Ohne Aufregung, ohne Ärger. Sie haben bewußt gedacht.

Gedankendisziplin ist der Schlüssel zu einem erfolgreichen Leben.

Gedanken sind Kräfte, die auf Sie zurückfallen. Daher sind ein Erweitern des geistigen Horizontes und persönliche Entwicklung ohne Gedankendisziplin nicht möglich. Wenn Sie sich über Ihr Dasein wundern oder glauben, es sei ungerecht, welches

Schicksal Sie erleiden müssen, dann überlegen Sie einmal, worüber Sie die letzten Wochen, Monate oder Jahre nachgedacht haben, was in Ihrem Bewußtsein vorherrschte. Sie erleben zur Zeit genau das. Waren Angst, Zweifel, Neid oder andere negative Gedanken gegenwärtig? Wenn Sie das Positive erwarten, daran glauben und richtig handeln, dann werden Sie nur Positives anziehen.

Alles beginnt mit den Gedanken, was Sie auch tun, vorher müssen Sie es durch die Filter Ihres Gehirnes laufen lassen. Sicher fragen Sie sich, wenn es so einfach wäre, warum nicht alle Menschen bewußt denken. Ich weiß es nicht. Viele haben noch nicht die Erkenntnis, und andere, die das Wissen hätten, handeln nicht danach. Ich glaube, es liegt daran, daß wir dann die Verantwortung für unser Leben übernehmen müssen. Vielen mag es einfacher erscheinen, lieber alle anderen für das eigene Schicksal verantwortlich zu machen. Ich glaube aber, daß wir die Eigenverantwortung übernehmen müssen für alles, was wir tun, ansonsten herrscht Ungerechtigkeit. Das Schicksal hat für dieses Problem eine optimale Lösung gefunden:

Das Gesetz von Ursache und Wirkung.

Wir sind Verursacher und müssen für alle von uns gesetzten Ursachen die Wirkung erleben.

Wie ein Bumerang kommen alle Ursachen als Wirkung auf uns zurück.

Niemand kann für uns eine Ursache setzen, und niemand kann uns vor der Wirkung schützen. Die Ursachen werden durch unser Denken und unser Handeln gesetzt. Daher ist die Gedankendisziplin der wichtigste Schlüssel, um Ziele zu erreichen und Ergebnisse, die wir wünschen, zu verwirklichen. In den Seminaren höre ich immer wieder, wie schwierig es ist, die Gedanken zu beherrschen. Viele haben vergessen, daß sie Chef im eigenen Haus sind, und lassen sich von eingekerbten Mustern und unwillkommenen Gedanken leiten. Wer denkt in uns? Haben wir es in unserer Macht, zu denken, was wir wollen? Natürlich können wir das. Denn genau dies unterscheidet uns von den Tieren. Wir können und müssen selbständig mit unserem Verstand denken. Die Gabe, zu denken, ist uns Menschen vorbehalten.

Der Geist ist der Gottesfunke in uns.

Dieser Gottesfunke ermöglicht uns eigenständiges Denken. Durch die Kraft des Geistes sind wir in der Lage, Neues zu schaffen, Unmögliches möglich zu machen. Denken müssen und können wir wieder lernen. Die angewandte Denktechnik muß aber auf einem Fundament ethischer Werte aufbauen, damit das erwünschte Ziel klar ist. Ziel sollte sein:
- Ehrlich in jeder Situation zu sein
- Konsequent zu handeln
- Ein fröhliches Gemüt zu haben
- Den Menschen ein Vorbild zu sein
- Kooperativ in allen Formen zu sein
- Die Wahrheit hinter dem Schein zu erkennen
- Liebevoll zu sein
- Gesundheit als natürlichen Zustand anzusehen

Ihre persönlichen Werte:

»Denken ist, was viele Leute zu tun glauben, wenn sie Vorurteile ordnen.« *Williams James*

Durch bewußtes Denken sind wir offener für neue Ideen und können neues Wissen leichter anziehen. Erfolg zu haben, setzt richtiges Denken voraus. Gesund zu sein, setzt das »Gesund sein« im Gedanken voraus. Wer sich nicht gesund vorstellen kann, kann Gesundheit auch nicht in optimaler Weise erleben. Durch richtiges Denken werden wir unsere Ziele klar prüfen, so daß sie sich nicht widersprechen. Oft wiederholte Gedanken werden zum Glauben. Gute, konstruktive Gedanken ziehen konstruktive Ergebnisse an.

»Überlegen macht überlegen.« *Sprichwort*

Wie erlernen wir Gedankendisziplin? Ich habe hier bereits ein einfaches Hilfsmittel benutzt: die ständige Wiederholung. Legen Sie sich ein paar kleine Notizzettel zurecht, und schreiben Sie darauf *Gedankendisziplin*.

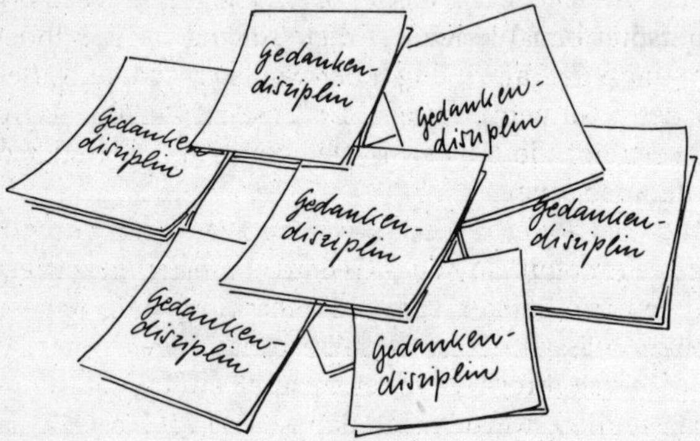

Diese Gedankenstützen kleben Sie nun dorthin, wo Sie mehrmals täglich hinsehen. Wenn Sie Auto fahren, neben das Tachometer, im Büro in die Schublade, in das Portemonnaie, oder wenn Sie einen Tagesplaner benutzen, schreiben Sie es sich dort hinein.

Was passiert nun?

Jeder mehrfach wiederholte Gedanke wird eine Denkgewohnheit. Diesen Mechanismus machen wir uns zunutze, damit wir Gedankendisziplin als natürlichen Zustand sehen, als eine Gewohnheit. Zuerst werden Sie einige Male auf Ihr Schlüsselwort aufmerksam gemacht. Das führt zu einer Gedankenverbindung. Je öfter Sie das Wort Gedankendisziplin lesen, um so schneller prägt es sich in Ihr Gedankenmuster ein.

Nun überlegen Sie jedesmal, nachdem Sie auf das Wort aufmerksam gemacht wurden, was Sie soeben gedacht haben und ob Sie dies denken wollten. Wenn Sie sich bei unerwünschten Gedanken ertappen, korrigieren Sie diese sofort, indem Sie denken: Eigentlich will ich das so nicht, ich wünsche mir folgende Gedanken. Dabei stellen Sie sich die neuen Gedanken oder die erwünschte Situation vor.

Mit dieser »Psychohygiene« tauschen Sie unerwünschte Gedanken in erwünschte um.

Anfänglich werden Sie sich ertappen und dabei denken: Schon wieder negativ gedacht!

Freuen Sie sich, denn das ist schon ein Erfolg; vorher war es Ihnen nicht einmal bewußt. Entgleisungen werden Ihnen auffallen, und von Tag zu Tag leben Sie leichter und besser. Der Vater des positiven Denkens, Dr. Joseph Murphy, sagte: Das Licht vertreibt die Finsternis, der konstruktive Gedanke zerstört den negativen.

Wenn Sie diesen Prozeß zwei bis drei Tage durchführen, schaffen Sie damit ein neues Gedankenmuster. Es wird ein Teil von Ihnen. Sie denken dann auf einmal bewußt, ohne darauf achten zu müssen. Es ist derselbe Ablauf wie vorher. Vorher waren Sie sich Ihrer Gedanken nicht bewußt, jetzt ist das ganz normal, und Sie werden sich dabei wohl fühlen.

Hier kommen meistens Einwände, weil mancher denken mag, daß wir gefühlskalt werden, ohne Skrupel und Moral. Das Gegenteil ist der Fall. Sie können lernen, positive Gefühle zuzulassen, können sich mit anderen freuen und das Leben erst jetzt richtig genießen. Einflüsse von außen haben nicht mehr Macht über Sie, denn Sie entscheiden, was gut für Sie ist und was nicht. Sie lassen nur erwünschte Informationen in Ihr Bewußtsein und blocken alles Negative am Filter Ihres Bewußtseins ab. Sie lassen sich nicht mehr von Informationen und Emotionen leiten, die Sie nicht selbst möchten. Sie sind nicht mehr der Sklave Ihrer Ängste und Befürchtungen.

Unerwünschte in erwünschte Gedanken umtauschen.

Positives Denken

Positiv denken ist in unserem Zeitalter ein Modewort geworden. Was sich dahinter verbirgt, ist nicht allen, die diesen Begriff benutzen, klar. Die Gegner meinen, alles sei nur Spinnerei, und die Befürworter meinen, ohne dies sei Leben nicht möglich. Kennen Sie die Kommentare: »Man kann doch nicht in allem das Gute sehen!« oder: »Sein ganzes positives Denken hat ihm nichts genützt«?

Jede Widrigkeit des Schicksals beinhaltet immer zwei Aspekte. Wir leben in einer dualen Welt. Was für den einen gut ist, mag für den anderen schlecht sein. Insofern liegt es immer in der Perspektive des Betrachters und an seinen Erfahrungen, ob etwas gut oder schlecht ist. Richtig wäre deshalb zu sagen, auf mich wirkt die Situation so oder so. Wer immer mit einer schwarzen Brille herumläuft, darf sich nicht wundern, wenn er das Negative anzieht.

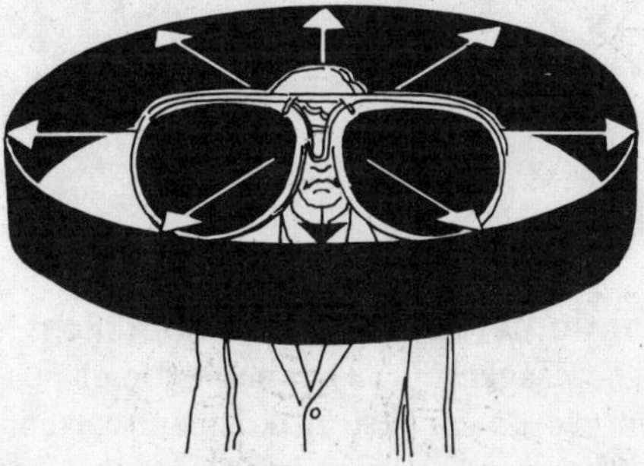

Dabei müssen wir erkennen, daß ein Ereignis oder eine Situation erst einmal – nüchtern betrachtet – eine Ist-Situation ist. Als solche sollten wir sie auch betrachten, ohne jegliche Wertung. Denn erst durch unsere Wertung entscheiden wir, ob etwas positiv oder negativ ist. Ist ein Messer gut oder schlecht? Man kann mit einem Messer einen Menschen töten oder ihn durch eine Operation retten. Immer mit demselben Objekt. Ist Streß gut oder schlecht? Manche brauchen eine gewisse

Anspannung, damit sie ihre volle Leistung entfalten, andere brechen bei geringer Belastung zusammen. Es ist immer ein individuelles Empfinden.

Auch positives Denken ist weder unrealistisch noch Spinnerei. Wahres positives Denken bedeutet, die Realität zu sehen, wie sie ist, die Situation anzunehmen und daraus das Beste zu machen. Ein positiv denkender Mensch nimmt die Situation ernst, bewertet sie aber nicht über, denn er weiß, daß jeder Nacht der Tag, jedem Regen der Sonnenschein folgt und nach jedem Tief ein Hoch kommt.

Wenn Dir das Schicksal eine Zitrone schenkt, presse sie aus, gib etwas Zucker dazu und mache Limonade daraus. Das ist wahres positives Denken. Wir sollen nicht Situationen durch eine rosarote Brille sehen und dabei den Blick für die Realität verlieren.

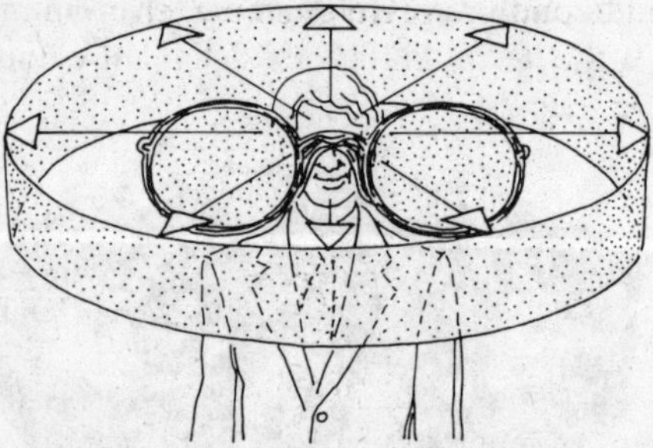

Warum funktioniert positives Denken nicht immer?

Viele Menschen sagen mir: »Ich habe immer positiv gedacht, und trotzdem werde ich bestraft.« Ich antworte immer gleich: »Zum ersten werden Sie nicht bestraft, denn Sie erleben nur Ursache und Wirkung, und zum zweiten haben Sie vielleicht gar nicht positiv gedacht.« Viele glauben, wenn sie mit ihrem Verstand denken, es ist doch gut, alles ist gut, alles ist positiv, dann bedeute dies positives Denken. Sie vergessen, daß wahres positives Denken von innen kommt.

> »So wie der Mensch in seinem Herzen denkt,
> so ist er.« *Sprüche Salomons*

Sie erfahren im Leben das, was in Ihnen vorherrscht. Sind in Ihrem Bewußtsein Freude und Optimismus vorhanden, werden diese in Ihrem Leben vorherrschen. Sind nur Frust und Neid da, dann werden Sie immer wieder die Bestätigung erhalten, »wie schlecht die Welt ist«.

Denken Sie an das Gute, denken Sie in Lösungen, und Sie werden ganz selbstverständlich positiv denken. Lebensbejahend denken heißt »positiv denken«. Wo wären wir heute, wenn manche Menschen nicht Unmögliches möglich gemacht hätten. Die Natur ist uns auch hier ein Beispiel. Ein Baum kann seinen Standort nicht wechseln und versucht daher, sich seiner Umgebung so gut als möglich anzupassen. Er weiß nur, er will wachsen. Er strengt sich an und versucht mit den vorhandenen Gegebenheiten zurechtzukommen. Er verzweifelt nicht und gibt nicht auf, sondern verfolgt sein Ziel.

Steuerung der Lebensenergie.

Das Leben kann wunderbar sein, wenn Sie es zulassen, und es kann die Hölle sein, wenn Sie nicht an Ihren Einstellungen positiv arbeiten. Entwickeln auch Sie einen Glauben an die Menschen, einen Glauben an das Gute und Nutzbringende. Wenn Sie dies tun, werden Sie zunehmend anziehen, was Sie sich vorstellen. Lassen Sie in Ihr Bewußtsein nur die Gedanken einströmen, die lebensbejahend und aufbauend sind.

Mit positivem Denken leuchten Sie den Lebensweg aus. Sie können in einem hellen Schein voranschreiten, wenn Sie den Schalter des positiven Denkens betätigt haben. In der Dunkelheit können Sie Hindernisse erkennen und leichter aus dem Weg räumen. Wenn Sie immer nur auf die Schwierigkeiten und Probleme achten, herrschen Angst und Versagen in Ihrem Bewußtsein vor.

Sie steuern Ihre Lebensenergie in Bahnen, welche gegen Sie gerichtet sind, und wundern sich anschließend, daß Sie das Befürchtete erreicht haben. Nach dem Motto: »Ich hatte mit meinen Befürchtungen doch recht«.

> »Dorthin, wohin wir unsere Aufmerksamkeit richten, dorthin fließt unsere Lebensenergie.«
>
> *Roy Eugene Davis*

Überprüfen Sie noch einmal, was in Ihrem geistigen Horizont verankert ist! Die Gedanken, die Sie laufend fesseln, benötigen Ihre elementare Lebensenergie. Daher sollte in Ihrem Bewußtsein nur Platz finden, was Ihnen und Ihrer Umwelt dient. Wenn Angst und Befürchtungen vorherrschen, richtet sich Ihre Lebensenergie darauf. Wenn Zuversicht und Lösungsdenken vorherrschen, dann werden Sie immer weiter auf Ihrem Erfolgsweg voranschreiten.

Um wirklich positiv denken zu können, müssen Sie bereit sein, Verantwortung für sich zu übernehmen. Für Ihre Taten und Ihre Gedanken. Das wird Ihnen um so leichter fallen, wenn Sie daran denken, daß mit dem Guten das Unangenehme besiegt wird. Das Licht vertreibt die Finsternis. Wir müssen auch erkennen, daß es keinen Zufall gibt. *Zufall* ist, was uns aufgrund unseres Verhaltens *zufällt*. Das Gesetz von Ursache und Wirkung bewirkt den Zufall. Unabhängig davon, ob Sie den Zufall Belohnung oder Bestrafung nennen, beides obliegt den gleichen kosmischen Gesetzen.

Wie lernen Sie nun positives Denken? Nicht indem Sie sagen, ab heute sehe ich alles nur noch positiv. Ich weiß aus Erfahrung, daß dies nicht so leicht möglich ist. Stecken Sie sich kleine, erreichbare Ziele. Mit der Gedankendisziplin haben Sie es in der Hand, diese zu verwirklichen. Nur damit schaffen Sie es, den Kreislauf der Gewohnheit zu unterbrechen. Setzen Sie jeder negativen Denkgewohnheit eine positive entgegen, und Sie werden sehen, wie schnell sich positive Denkmuster festigen. Beobachten Sie Ihre Handlungen und Ihre Reaktionen bei Ärger und Aggression. Lassen Sie sich nicht von Ihren Gedanken zum Hampelmann machen. Sie können selbständig denken, tun Sie es auch.

Es ist schon verblüffend: Wir besuchen Kurse, lesen Bücher, lassen uns beraten und wollen damit das Schicksal bewältigen. Wir suchen Hilfe von außen und erwarten, daß uns irgend jemand hilft, das Schicksal besser zu meistern. Dabei kann jede noch so gute Hilfe von außen nur ein Anstoß sein. Eine wirkliche Hilfe ist es erst, wenn Sie die Botschaft verstanden und diese dann in Ihrem Bewußtsein verankert haben. Kein Guru, kein Weiser oder Hellseher kann Ihnen helfen, nur Sie alleine können dies. Es kostet nichts, und niemand kann Sie drängen, denn Ihre Gedanken, die Ursache aller Geschehnisse, können nur Sie kontrollieren und beeinflussen. Wenn Sie also Ihr Schicksal kennenlernen möchten, brauchen Sie nicht zu einem Hellseher zu gehen, sondern Sie brauchen nur zu überlegen, in welchen Gedanken Sie in den letzten Jahren verweilten. Das Ergebnis erleben Sie heute in allen Details. Selbstentwicklung oder Bewußtseinserweiterung kann daher nur bei der Gedankendisziplin beginnen. Die Kybernetik setzt sich dann kettenreaktionsartig in der Psyche fort.

Richtige Planung

Ich konnte jahrelang mit Planung nichts anfangen. Warum? Weil ich mich dann festlegen mußte und anschließend messen konnte, was ich erreicht hatte und was nicht. Ich hatte nicht den Mut, zu meinen Zielen zu stehen. Seitdem ich das geändert habe, geht es mir in jeder Beziehung besser. Meine Gedanken sind klarer, ich erreiche meine Ziele leichter und meistens schneller. Ich habe alles unter Kontrolle, und es macht Freude, viele Dinge gleichzeitig zu bearbeiten, weil ich schriftlich denke. Es entsteht kein Streß, und ich kann die Erfolge leicht messen. Ich mußte zuerst aber auch bei mir selbst einige Vorurteile ausräumen.

Planen war für mich Zeitverlust, denn ich glaubte alles im Kopf behalten zu können. Viele Zeitverschwender halten von Planung gar nichts, sie beklagen sich nur, daß sie nie Zeit haben und immer im Streß sind. Sie sind sich nicht bewußt, was sie verschwenden, denn sie liefern ja niemandem Rechenschaft ab. Daß sogar die Gesundheit unter permanentem Streß leidet, wollen sie erst wahrhaben, wenn sich der Körper die Ruhe, die er braucht, holt: im Krankenhaus.

Planen heißt nicht, pedantisch und minuziös vorzugehen oder das Leben in ein Klischee zu drücken. Es bedeutet auch nicht Selbstversklavung, im Gegenteil. Sie dürfen sogar dabei spontan sein.

Planen bedeutet für mich: klare Übersicht zu haben, meine Erfolge messen zu können, die Gegenwart im Griff zu haben und nicht dauernd unter Streß zu stehen. Es bedeutet, mehr Bewegungsfreiheit zu haben, besser und gesünder zu leben. Heute plane ich auch meine Gesundheit. Wofür ich mir früher nie Zeit genommen habe.

Ich habe erkennen müssen, daß Gesundheit heute einer der wichtigsten Faktoren ist, um Streß zu vermeiden. Zeitplanung wird oft fälschlich als Korsett angesehen. Ich habe festgestellt, daß es anders ist. Aber überzeugen Sie sich selbst.

Ich kann nur betonen, daß das wahr ist, was Sie als wahr erkennen und zulassen. Sind Sie der Meinung, es ist unmöglich, so werden Sie recht behalten, glauben Sie, es gehe leicht, dann wird auch dies stimmen.

Eine Bemerkung nebenbei: Planen Sie im Geheimen. Weihen Sie nur die Menschen ein, die Ihnen wohlgesonnen sind und Sie ehrlich unterstützen. Kleingeister können Ihre Pläne zunichte machen. Sprechen Sie nur mit den Menschen, die daran beteiligt sind, denn für andere müssen Sie sich zu viele Rechtfertigungen einfallen lassen, warum Sie dies so und nicht anders machen. Denken Sie daran: Jeder kann nur aus seiner Sicht sprechen. Erfolge sprechen sowieso für sich, und Rückschläge sollten Sie gar nicht erwähnen.

Sammeln Sie alle Informationen zu Ihren Projekten. Planen Sie mit einer persönlichen Datei. Selbst Goethe schrieb, daß sein Erfolgsrezept zu 10 % aus Ideen und Einfällen und zu 90 %

aus Arbeit bestand. Mit einem eigenen Archiv können Sie alle Informationen zu Ihrem Projekt sammeln. Wenn Sie dann planen, können Sie sich die Ergebnisse und Erfahrungen von Hunderten von Fällen zunutze machen. Sie brauchen dann Fehler nicht zu wiederholen, die schon jemand anderer gemacht hat.

Wir sollen das Rad nicht immer wieder neu erfinden.

Der sichere Weg zum persönlichen und geistigen Erfolg

In den letzten Jahren konnte man einen Boom an Seminaren erleben, die alle zur Bewußtseinserweiterung, zum Erfolg, zu einem glücklicheren Leben oder zu Reichtum verhelfen sollten. Die Medien berichten immer häufiger von Wahrsagern, Kartenlegern, Pendel- oder Rutengängern oder Hypnoseshows. Diese Ereignisse faszinieren noch immer, denn es tauchen immer mehr Probleme auf, die es zu bewältigen gilt. Ich selbst habe schon über hundert Seminare besucht, unzählige Bücher gelesen und Strategien erlernt, um endlich zu dem Erfolg zu kommen, über den alle schreiben. Ich habe lange im Außen gesucht, bis dann eine entscheidende Wende eintrat: Ich habe mich nach innen konzentriert und das getan, was ich für richtig hielt.

Jeder hat in Seminaren und in Büchern sein Erfolgsrezept angepriesen und zu verstehen gegeben, daß man damit sicher zum Erfolg kommt. Eines ist jedoch in den wenigsten Fällen klar gesagt worden, daß der Autor oder Vortragende aus seiner Sicht spricht, von seinen eigenen Erfahrungen und seinem Weg zum Erfolg.

Der Anthropologe Rolf Schirm hat in den sechziger Jahren umfangreiche Untersuchungen in der Wirtschaft durchgeführt und ist der Frage nachgegangen: Gibt es ein Patentrezept für den Erfolg? Das Ergebnis war: Es gibt kein Patentrezept für den Erfolg! Jeder Mensch ist anders, hat andere Fähigkeiten und Neigungen, sein Erfahrungsschatz und sein geistiger Horizont sind anders, er hat eine andere Ausbildung, andere Familienverhältnisse, andere Freunde und oft ganz andere finanzielle Voraussetzungen.

Jede individuelle Persönlichkeit muß sich ihren Erfolgsweg selbst erarbeiten.

Um wirklichen, langfristigen Erfolg zu haben, müssen Sie die Ganzheit des Menschen sehen. Kurzfristige Erfolge sind leicht und schnell durch Nachahmen zu erzielen. Erfolge aber, bei denen die Persönlichkeitsentwicklung nicht auf der Strecke bleibt, sind langfristig. Damit das Leben nicht ein permanenter Kampf ums Überleben wird und ein Jahr nicht daraus besteht, auf den nächsten Urlaub zu warten, ist zunächst eine Erfüllung im Beruf erforderlich. Der Beruf sollte Ihre Berufung sein. Es ist egal, welchen Beruf Sie ausüben, überall können Sie mehr erreichen und besser werden. Jeder Beruf hat seinen Wert. Es gibt keine minderwertigen Berufe oder Arbeiten, wohl aber gibt es minderwertige Einstellungen dazu. Nicht die Größe einer Aufgabe ist wichtig, sondern es ist entscheidend, mit welcher Größe sie bewältigt wird.

Ich hatte erst kürzlich ein Gespräch mit einem Unternehmensberater, der Handwerksbetriebe sehr erfolgreich berät. Er hat erzählt, welche Einstellung die Bankdirektoren zu den Handwerksmeistern haben: »Es ist ja nur ein Handwerker« oder umgekehrt: »Das ist ja der Bankdirektor«.

Viele Handwerksmeister meinen, daß diejenigen, die studiert haben, etwas Besseres seien oder sie selbst schlechter seien, weil sie »nur« Handwerker sind. Dieses Denken hat sich in den letzten Jahrzehnten in allen Bereichen ausgebreitet. Die einen sind zu wenig selbstbewußt, die anderen zu hochnäsig. Beides ist nicht richtig, denn der Handwerker zahlt der Bank Zinsen, damit diese ihren Direktor bezahlen kann, und er arbeitet, damit der Direktor sich in seinem Haus wohl fühlt. Die obigen Meinungsäußerungen geben nur Menschen von sich, die das Zusammenspiel in der Wirtschaft nicht verstanden haben. Jeder hängt vom anderen ab, keiner kann alleine existieren. Wer das nicht wahrhaben will, sollte sich in der Welt der Wirtschaft einmal umsehen. Das Verhältnis zwischen Angestellten und Führungskräften ist gespannt, weil sich jeder nur als Einzelkämpfer sieht. Dabei könnten beide alleine nicht existieren.

Wolfgang Mewes schreibt in seinem Lehrgang »EKS-Energokybernetische Strategie«: »Sie brauchen nur Ihre Strategie zu ändern, und Sie werden um ein Vielfaches erfolgreicher. Bei weniger Anstrengung erzielen Sie größere Erfolge.«

Eine Strategieänderung bedeutet, daß wir unsere Aufmerksamkeit gezielt steuern müssen. Sie beginnt immer im Umdenken. Dabei sind positives Denken und Gedankendisziplin eine unabdingbare Voraussetzung. Denken Sie daran: Was in Ihrem Inneren vorherrscht, verwirklicht sich, nicht was Sie sich einbilden.

Die Kybernetik ist ein wichtiger Teil in der Entwicklung der Persönlichkeit sowie im Beruf und im Spirituellen. Der Begriff stammt aus dem Griechischen und bedeutet »Steuerung«. Im Duden wird Kybernetik definiert als »Forschungsrichtung, die vergleichende Betrachtungen über Gesetzmäßigkeiten im Ablauf von Steuerungs- und Regelvorgängen in Technik, Biologie und Soziologie anstellt«. Uns interessiert der Ablauf im persönlichen und beruflichen Erfolg.

»Gedanken sind Energie« und »kein Gedanke kommt leer zurück« haben wir schon erfahren. Die Energie unserer Gedanken wirkt auf uns und unser Umfeld. Ein Beispiel: Finden Sie jemanden unsympatisch, werden Sie sich in seiner Gegenwart nicht wohl fühlen, und dies wird der andere spüren. Ihr Gesichtsausdruck wird durch diese Einstellung geprägt, und es kostet viel Überwindung, künstlich freundlich zu sein. Ihr Gegenüber wird es merken. Die Energie Ihrer Gedanken wirkt auch ohne Worte. Im Kosmos ist alles Energie. Auch wir Menschen sind ein Energiesystem. Die Energie, welche in Ihnen vorherrscht, wirkt auf Ihr Verhalten. Niemand kann sie lokalisieren, und doch ist sie da. Im Gehirn können wir die Ströme messen, die durch die Nervenfasern übermittelt werden. Es sind winzige Stromstöße. Der Speicher in Ihrem Unterbewußtsein kann aber mit keiner modernen Technik gemessen werden. Der Mensch ist einmalig. Die Energie, die vorherrscht, ist entscheidend für die Gesundheit, den Erfolg und die persönliche Entwicklung. Zig Billionen von Zellen werden laufend mit Energie versorgt. Auch im Außen leben wir in einem Wechselspiel der Energieverhältnisse.

Wir können uns nicht isoliert betrachten. Tun wir das, kapseln wir uns ab. Isoliertes Betrachten entsteht, wenn wir nur unsere Ziele verfolgen ohne »Rücksicht« auf die anderen. Das Prioritätsthema in den achtziger Jahren lautet: Wachstum und Erhöhung des Lebensstandards. An die Konsequenzen dieser Entwicklung denkt niemand. Wer bleibt auf der Strecke? Die Umwelt? Ich glaube, daß wir Menschen auf der Strecke bleiben, denn die Natur hat schon Jahrmillionen überlebt und wird dies auch weiter tun. Aber wir zerstören unseren Lebensraum, »damit es uns gutgeht«. In meinen Augen eine absolut egoistische, introvertierte Haltung, deren Auswirkung wir noch erleben werden. Die Ursachen haben wir uns gesetzt, folglich müssen wir auch die Wirkung erleben. Unser Verhalten hat einen falschen Maßstab entwickelt. Ich werde immer wieder gefragt »Was ist denn richtig, wer weiß schon, was richtig ist?« Für mich habe ich immer eine Antwort gefunden, mit Hilfe des Kategorischen Imperativs:

> »In einer Gesellschaft müsse jeder so handeln, als ob die Grundsätze seines Verhaltens zum allgemeinen Naturgesetz werden sollten. Er müsse sich also fragen: Wie entwikkelte sich die Gesellschaft, wenn alle genauso handelten wie ich?« *Immanuel Kant 1788*

Durch richtiges Denken und strategisch richtiges Vorgehen können wir heute mehr verdienen bei weniger Energieeinsatz und ohne irgend jemanden zu benachteiligen.

Dazu ist es wichtig, daß wir selbstbewußt werden in unseren Handlungen und unserem Denken. Wir müssen uns auf unsere Stärken berufen und unsere Fähigkeiten ausbauen. Mewes schreibt: »Nicht die Macht, das Kapital oder die Fähigkeiten sind entscheidend, sondern einzig die Konzentration auf den wirkungsvollsten Punkt.« In seinem Lehrgang führt er Beispiele aus fünfundzwanzigjährigen Untersuchungen auf, in denen er beweist, daß geschäftlicher Erfolg von energetischen Verhältnissen abhängt. Richtiger Einsatz der Kräfte heißt die Devise. Wenig Energie zielgerichtet eingesetzt kann mehr bewirken als viel Energie verzettelt.

Es entscheidet der Einsatz der Kräfte. So wie eine Depression durch eine Kette von negativen Gedanken entstanden ist, so entsteht auch Erfolg. Auf dem Weg zum Erfolg haben wir die Natur als perfektes Beispiel. Sie zeigt uns, wenn man die Kräfte zum richtigen Zeitpunkt an der richtigen Stelle einsetzt, daß richtige Entwicklung die unabänderliche Folge ist. In allen nachfolgenden Zielverwirklichungen werden Sie überall den gleichen Prozeß finden: einen natürlichen Weg zum Erfolg, ohne Sprünge, immer auf sicherem Fundament.

Wir beginnen immer damit, den Ist-Zustand zu akzeptieren, starten dann von dort mit dem nächstliegenden Schritt. Nach und nach schrauben wir uns zum Erfolg empor, immer unter dem Einsatz der drei Kräfte im Menschen. Alle Schritte müssen »geistig erfaßbar und glaubhaft« sein. Nur was nicht unseren geistigen Horizont übersteigt, können wir sicher erreichen. Natürlich wird sich Ihr geistiger Horizont erweitern, so daß auch die Schritte größer werden und schneller vollziehbar sind. Wichtig ist, daß sich die innere Entwicklung mitvollzieht. Erst wenn dies der Fall ist, ist der Erfolg sicher und dauerhaft. Andernfalls paßt sich die äußere Energie der inneren wieder an, sobald Sie aufhören, sich anzustrengen. Geistige wie materielle Entwicklung vollziehen sich am sichersten und nachhaltigsten in kleinen, sicheren Schritten.

Das gleiche Prinzip ist in der spirituellen Entwicklung anzutreffen. Nehmen wir uns das Beispiel der Charakterbildung. Es bringt nichts, wenn ich mir laufend vornehme, meinen Charakter zu ändern, denke aber immer gleich, bleibe in der alten Umgebung und verkehre immer mit den üblichen Leuten. Wenn ich es wirklich will, muß ich die Energie auf den richtigen Punkt konzentrieren, um von dort aus eine Kettenreaktion voranzutreiben.

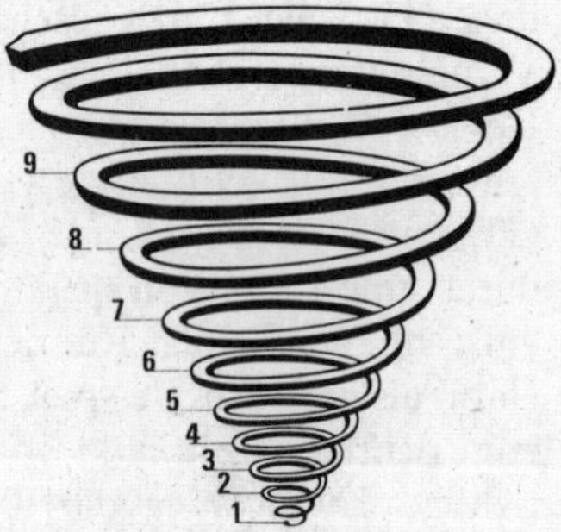

1. Ich übe Gedankendisziplin
2. Mir werden negative Gedanken bewußt
3. Ich ersetze negative Gedanken durch positive
4. Ein neues Gedankenmuster verankert sich in mir
5. Ich beginne positiv zu denken
6. Ich erlebe mehr positive Ereignisse
7. Ich fühle mich bei meinen Handlungen bestätigt
8. Mein Handeln wirkt auf mein Verhalten
9. Mein Verhalten prägt meinen Charakter

Wenn Sie so vorgehen, unterstützt ein Schritt den nächsten. So ändern Sie in kleinen, aber sicheren Schritten Ihren Charakter. Erfolg kann sich bei diesem Vorgehen dauerhaft einstellen. Wie löse ich eine kettenreaktionsartige Spirale aus? Indem ich an einem mir vernünftig erscheinenden Punkt beginne und dort meine ganze Konzentration einsetze. Sie erinnern sich an die Unterteilung der Probleme und der Ziele. Das ist wichtig, damit das nächste Ziel uns erreichbar erscheint. Versuchen wir es nur und strengen uns an, ohne es in unserem Innersten für möglich zu halten, wirken zwei Kräfte gegeneinander. Es kostet viel Anstrengung und führt leicht zu Enttäuschung.

Je klarer das Bild, um so klarer die Ergebnisse.

Die Natur hat eine Verzögerung vorgesehen, um zu prüfen, wer es wirklich ehrlich meint und wer nicht. Kontinuierliche Wiederholung bringt sicheren Erfolg. Wenn Ihr innerer Maßstab in Ordnung ist, zieht das Außen nach. Das geht nicht von heute auf morgen, dafür aber nachhaltig.

Wenn Sie dauerhaft Erfolg haben möchten, ist es wichtig, daß Sie Ihre Aufmerksamkeit nach außen richten. Nach außen richten bedeutet: weg von introvertiertem egoistischem Verhalten.

Wenn Sie Verkäufer sind, bedeutet dies: Sie müssen an Ihren Kunden denken. Sie müssen sich fragen, was braucht er, welches Problem kann ich ihm zu lösen helfen. Welche Vorteile hat meine Ware? Ist es der Preis, die Lieferzeit oder die Qualität? Ist es der persönliche Kontakt oder die neue Technik? Sie sollten sich fragen, warum kauft der Kunde bei mir? Und als nächstes können Sie Ihre Stärken ausarbeiten, um mit diesem Vorteil ähnlich gelagerte Kunden zu gewinnen. Welchen besonderen Vorteil haben Sie Ihrem Kunden zu bieten, wo sind Sie besser als Ihre Mitbewerber?

Wenn Sie Führungskraft sind: Was schätzen Ihre Mitarbeiter an Ihnen? Arbeiten Ihre Mitarbeiter gerne für Sie ? Wo haben Sie Vorteile? Sind Sie besonders menschlich oder verstehen Sie es, mit Menschen individuell umzugehen? Können Sie besonders gut motivieren? Ist es Ihre Fachkompetenz, die andere begeistert, oder ist es die gute Teamarbeit in Ihrer Gruppe? Vielleicht bezahlen Sie besser als andere? Wo sehen Sie Ihre Vorteile?

Wenn Sie Mitarbeiter sind: Sind Sie in Ihrem Fach besonders gut? Denken Sie im Team mit? Bringen Sie Ihren vollen Einsatz? Sind Sie begeistert? Arbeiten Sie mehr, als verlangt wird? Erkennen Sie die Prioritäten, die Ihr Vorgesetzter setzt? Warum sind Sie an diesem Platz gerade die richtige Person?

Als Partner: Fragen Sie sich, welche Vorzüge Sie als Partner haben. Sind Sie besonders aufmerksam, achten Sie Ihren Partner? Ist es Ihr Wesen, das Sie attraktiv macht? Ist es Ihre Persönlichkeit? Ihre Freundlichkeit, oder was ist besonders gut an Ihnen?

Wenn Sie sich einmal konkret Gedanken darüber machen, was Sie bereits für die Menschen tun oder was Sie noch tun könnten, dann entwickeln Sie sich wirklich. Sie tun dann das Beste für sich und die Welt.

Es ist selbstverständlich, daß Sie als Verkäufer viel verkaufen, als Vorgesetzter viel erreichen, als Mitarbeiter viel verdienen und als Partner geliebt werden möchten. Aber wenn Sie nur an das denken, was Sie wollen, handeln Sie introvertiert. Wenn Sie an die anderen denken, handeln Sie extrovertiert. Was ist der Unterschied? Bei beiden Möglichkeiten wollen Sie ein Ziel erreichen. Bei ersterer denken Sie nur an sich, und es kann viel Anstrengung kosten, denn Sie wollen verkaufen. Im zweiten Fall denken Sie an Ihren Kunden und verkaufen ihm etwas, das ihm nützt. Sie helfen ihm, ein Problem zu lösen. Je mehr Gedanken Sie sich über den Kunden machen, um so mehr werden Sie verkaufen. Der Kunde merkt, ob Sie nur verkaufen wollen oder ob Sie auch für ihn da sind. Denken Sie an die Schwingungen, die Sie ausstrahlen. Sie wollen doch auf Dauer gewinnen und mit einem reinen Gewissen dem Kunden erneut gegenübertreten. Das können Sie, wenn Sie ihm seinen Vorteil verkaufen, seine »Problemlösung«, nicht Ihr Produkt. Das Ergebnis ist dasselbe. Der Gewinn ist weitaus größer.

Die gleichen Überlegungen treffen beim Vorgesetzten, Mitarbeiter oder Partner zu. Überall sind es die gleichen Mechanismen, die wirken. Sie sehen also, daß wir schon aus purem Egoismus heraus aufrichtig und extrovertiert handeln sollten, denn alles, was wir von uns geben, kommt im selben Maße zurück. Das geistige Gesetz der Harmonie sorgt in jedem Fall für Ausgleich. Sind Sie gut, werden Sie Gutes anziehen, sind Sie hinterhältig, werden Sie auch dafür zur Rechenschaft gezogen. Sie dienen am meisten sich und der Gemeinschaft, wenn Sie Ihre Individualität voll entfalten. Konkurrenz entsteht durch Gleichheit. »Ich möchte dasselbe, was Du hast.«

Das geht aber nicht, weil jeder Mensch andere Fähigkeiten und andere Anlagen mitbringt. Fünf Milliarden Menschen wurden 1987 auf der Welt gezählt. Versucht jeder das gleiche zu tun, ist es ein Gegeneinander. Die Anforderungen steigen heute und werden immer höher, daher werden immer mehr Menschen für neue Problemlösungen gebraucht. Täglich entstehen neue Probleme, die darauf warten, gelöst zu werden. Nichts bleibt, wie es gestern war. Wir entwickeln uns immer schneller in allen Bereichen. Es ist unsere Aufgabe, diesen Anforderungen gerecht zu werden. Wir haben die Fähigkeiten dazu. Das chinesische Schriftzeichen »Krise« wird genauso geschrieben wie »Chance«. Dies hat sicher seinen Sinn:

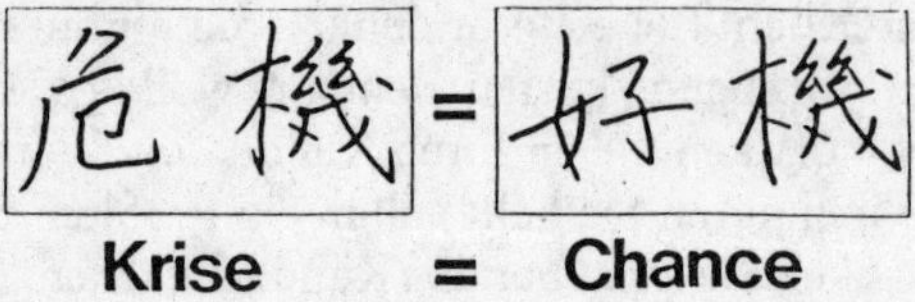

Für positiv denkende Menschen birgt die Krise eine neue Möglichkeit in sich, für den anderen eine Gefahr. Es liegt an uns, was wir daraus machen. Neue Probleme bieten neue Lösungsmöglichkeiten. Dies trifft im persönlichen wie im beruflichen Bereich zu.

Die Erfolgskybernetik im beruflichen Bereich ist den gleichen Regeln unterworfen wie die der Natur, die eines Staates oder eines Betriebes. Überall ist der Erfolg dort am sichersten, wo wir konzentriert und zielgerichtet vorgehen. Wollen wir sofort viel Geld haben, spirituell entwickelt sein, Inhaber einer großen Firma oder ein bekannter Schauspieler oder Politiker sein, ist es schwer, alles auf einmal anzugehen. Es sind zu viele Ziele, die sich gegenseitig behindern. Wir haben immer nur für ein Ziel die ganze Energie zur Verfügung, für mehrere Ziele entsprechend weniger.

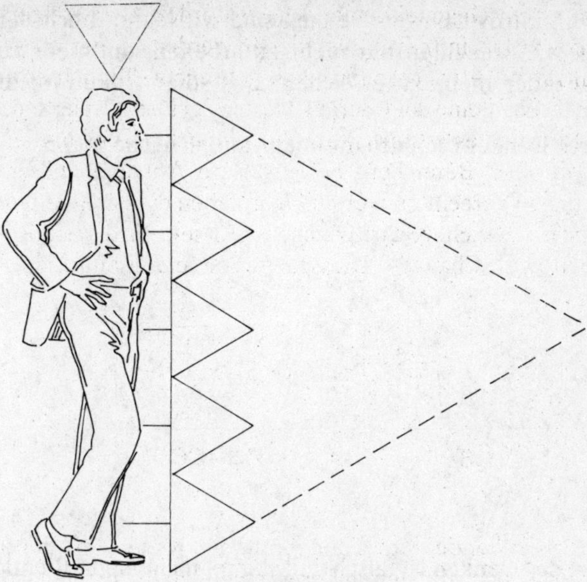

Bei optimaler Konzentration
ist die ganze Energie
auf einen Punkt
gerichtet und kann so am schnellsten wirken.

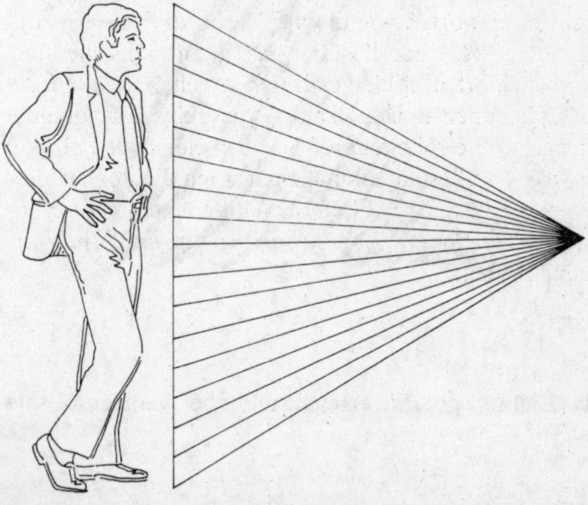

In unserem introvertierten Denken sind wir immer noch der Meinung, wir brauchten nur mehr zu arbeiten, um mehr zu verdienen oder mehr zu erreichen. Das stimmt heute nicht mehr.

Lineares Denken: Ich arbeite mehr und erreiche mehr.

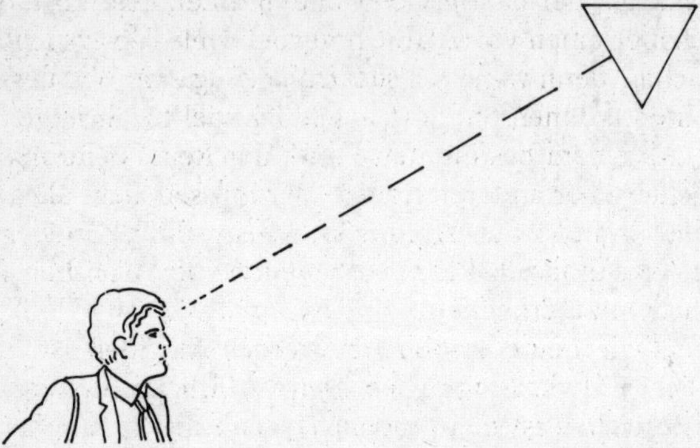

Diese Art des Denken ist falsch und stimmt nicht mehr. Richtig ist das spiralförmige kybernetische Denken.

Ich tue das Richtige gut und erreiche mehr bei weniger Einsatz.

Viele träumen vom schnellen Geld, vom Reichtum über Nacht, weil manche dies scheinbar geschafft haben. Tatsächlich ist der Weg zum Erfolg mit viel Einsatz und Leistung verbunden. Wenn Sie heute einen erfolgreichen Menschen sehen, registrieren Sie nur, was er bereits erreichte. Allzu selten wird nach dem Weg gefragt, der häufig viel Mühe und Lehrgeld kostete.

Sie haben einen Vorteil: Sie brauchen viele Fehler nicht mehr zu machen, denn wenn Sie sich früh genug eine Wissens-Datei einrichten, können Sie dort unendlich viel Erfahrungen sammeln. Ab einem bestimmten Punkt der Reife sollte man von den Fehlern der anderen lernen. Wir müssen nicht alles selbst erleben. Es gibt zwei Arten des Lernens, durch Erleben oder durch Erkenntnis. Erkenntnis bedeutet: die Wahrheit hinter dem Schein zu erkennen.

Wenn wir heute erfolgreich werden möchten, so ist die natürliche Entwicklung zu beachten. Natürliche Entwicklung in allen Bereichen ist dann möglich, wenn die Situation richtig erkannt und wenn zielgerichtet vorgegangen wird.

Jede große Reise beginnt mit dem ersten Schritt. Um sicher anzukommen, müssen Sie die Kräfte einteilen, sonst passiert Ihnen das gleiche wie den Urlaubern, die eine Berghütte schnell erreichen wollten. Sie haben einen Einheimischen beauftragt, die Koffer hochzutragen. Dieser schreitet langsam und gleichmäßig voran. Die Urlauber rennen voraus und machen sich lustig, daß »diese Einheimischen« so langsam sind. Nach der Hälfte des Weges werden die Urlauber vom Träger überholt, der sicher voranschreitet, während den Urlaubern der Atem kurz wird; sie haben sich zu schnell verausgabt. Sie konnten ihre Kräfte nicht einteilen. Auch uns geht es häufig so.

Kybernetische Entwicklung setzt einen richtigen, realistischen Einsatz der Kräfte voraus. Zur optimalen persönlichen Entwicklung in allen Bereichen sind drei Kräfte wichtig:

– Der ***Geist*** als führende, richtungsweisende Kraft
– Die ***Seele*** als ausführende, unterstützende Kraft
– Der ***Körper*** als tätige und äußere Ausdruckskraft

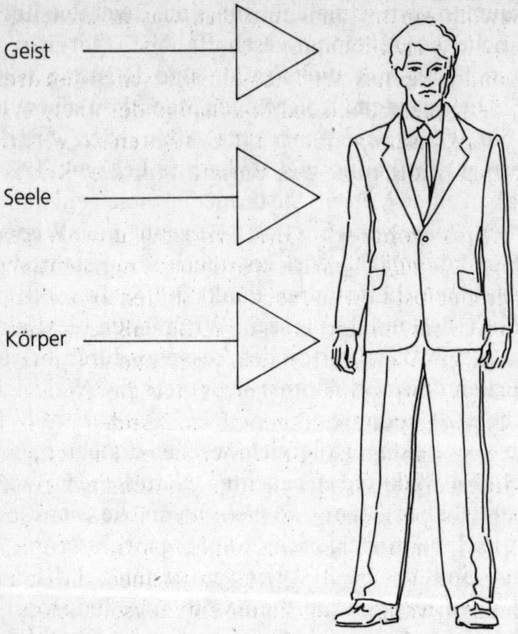

Die erste große Kraft in Ihnen: Ihr Geist

In jedem von uns schlummern unendliche Möglichkeiten, die wir nur sehr spärlich nutzen. Albert Einstein sagte: »Wir nutzen bestenfalls 15 Prozent unseres geistigen Potentials.« Wir haben praktisch die Fähigkeit, zwanzig Sprachen fließend zu sprechen. Ein Supergedächtnis ist eine Frage des Trainings. Die Grenzen des Erreichbaren stecken wir uns selbst. Das Gehirn funktioniert wie ein Muskel; ist es im Training, wird es immer besser, tun wir nichts, verkümmert es. Geistige Fitneß hängt in erster Linie von unserer Einstellung und dann vom Training ab. Dorthin, wohin wir unsere Aufmerksamkeit richten, fließt unsere Lebensenergie. Denken Sie, Sie haben ein schlechtes Gedächtnis, werden Sie recht behalten, denn das

Unterbewußtsein tut alles, um das, was in Ihrem Geist vorherrscht, zu verwirklichen.

Wir können keine klare Trennlinie zwischen den drei Kräften ziehen, denn sie greifen nahtlos ineinander über. Wichtig für uns ist, den Zusammenhang im Gesamten zu erkennen. Ein dauerhafter Erfolg ohne den Einsatz aller drei Kräfte ist nicht möglich.

Der in uns wohnende Geist wird bei uns als Bewußtsein bezeichnet. *Bewußt*-Sein ist wörtlich zu nehmen. Wir sollten uns unserer selbst bewußt sein. Wir sollten erkennen, wer wir sind, und dabei immer klarer im Bewußtsein werden. Der Verstand ist ein Werkzeug, um zu verstehen und aufzunehmen. Der Geist als Gottesfunke in uns gibt uns die Chance, selbständig zu denken, verstandesgemäß zu handeln. Wir handeln, wenn wir verstanden haben. Um vor allen Dingen neue Situationen zu erkennen, ist es wichtig, unseren geistigen Horizont zu öffnen und permanent zu erweitern. Erst wenn wir verstehen, öffnen wir uns, können annehmen und verwirklichen. Wenn wir dem Verstand die Rolle zuordnen, die ihm gebührt, nämlich auszuwählen, was zu unserer Persönlichkeit paßt und der Gemeinschaft dient, haben wir die Chance der Selbstentwicklung. Wir zwängen heute unseren Verstand in eine Rolle, für die er gar nicht geschaffen wurde.

Alle Entscheidungen wollen wir rational treffen, alles wollen wir verstehen und glauben nur das, was wir sehen können oder was wissenschaftlich bewiesen ist. Der Verstand ist allein auf sein in diesem Leben erworbenes Wissen angewiesen. Die Intuition kommt nicht vom Verstand, sondern aus anderen Ebenen. Der Verstand fragt: Wie soll ich wissen, was in Zukunft passiert oder wie eine Situation ausgeht? Die Intuition weiß es, und der Verstand kann es nicht begreifen. Hier sind schon einmal klar die Grenzen gesteckt. Der Verstand ist ein guter Diener, aber ein schlechter Chef. Wenn Sie ihm alle Macht geben, werden Sie kopflastig, nach dem Motto: Nur was Realität ist, akzeptiere ich. Nur was ich sehen kann, glaube ich. Mit diesem verstandesbetonten Denken bleiben die anderen

Kräfte in Ihnen auf der Strecke. Im Geist sitzt die Vorstellungskraft. Dieses ist Ihr geistiger Horizont. Ein ungeschriebenes Gesetz lautet:

> ***Was wir geistig erfassen und glauben können, kann sich auch verwirklichen.***

Der Erfolg muß deshalb ein selbstverständlicher Teil in Ihnen werden. Das gewünschte Ziel darf Ihren geistigen Horizont aber nicht überschreiten, sonst können Sie es nicht erreichen. Der geistige Horizont hat nichts mit Intelligenz zu tun. Daher ist ein wichtiger Teil unserer Arbeit, alle Ziele und Probleme in solche Schritte zu teilen, daß ein Ziel nicht unerreichbar wird. Ein Beispiel hierfür: Sie träumen davon, Millionär zu sein. Derzeit sind Sie noch ein Angestellter mit DM 2 500 brutto. Nun ist es Ihr sehnlichster Wunsch, Millionär zu sein, weil Sie glauben, damit seien alle Probleme gelöst. Stellen Sie sich nun vor, wie es ist, eine Million zu besitzen. Wie fühlt es sich an? Wie benehmen Sie sich mit einer Million? Wie reagieren Sie bei

Die Vorstellung muß »klar« sein, ohne Zweifel.

Ihren Freunden, in Ihrer Familie, an Ihrem Arbeitsplatz? Welche Probleme wären damit gelöst? Wie würden Sie mit Ihrer Bank sprechen?

Nun, welche Gefühle steigen in Ihnen hoch? Ist es Ihnen möglich, schon so zu denken, als hätten Sie die Million? Ich kenne wenige Menschen, die diese Vorstellungskraft in allen Einzelheiten besitzen. Es darf nämlich nicht der geringste Zweifel aufkommen. Es ist schwer, sich vorzustellen, es wäre schon Realität, wenn Sie sich gerade Sorgen machen, ob Sie die nächste Autorate bezahlen können.

Wohl aber ist es möglich, daß Sie sich vorstellen können, wie Sie in diesem Jahr ihr Gehalt vielleicht auf DM 3 000 steigern, wie Sie in Ihrem Beruf das Beste geben, dabei Erfahrung sammeln, Kontakte knüpfen und in einigen Jahren auf eine eigene Existenz hinarbeiten. Solche Schritte übersteigen nicht das Vorstellungsvermögen, denn sie sind realistisch. Da Sie wissen, daß jede Leistung eine Gegenleistung verlangt, können Sie sich Schritt für Schritt zu Ihrem Erfolg emporarbeiten.

Sie sehen also, daß es nicht genügt, ein Ziel zu haben, sondern es muß für uns auch vorstellbar sein. Im täglichen Leben fragen wir ja auch, »kannst Du Dir das vorstellen?«. Erst wenn Sie sich das Ziel vorstellen können, mobilisieren Sie die geistigen Kräfte, damit es erreicht wird.

Die zweite große Kraft in Ihnen: Ihre Seele

Die Seele können Sie nicht sehen und nicht messen. Rationalisten glauben an keine seelischen Kräfte. Wenn man sie aber fragt, wer denn ihre ganzen lebenserhaltenden Vorgänge steuert, wer nachts auf den richtigen Atem, den richtigen Pulsschlag achtet, wissen sie sich nur auf die Wissenschaft zu beziehen, können aber im Grunde keine glaubhafte Erklärung abgeben. Die Wissenschaft ist gut und richtig und hat schon vieles entdeckt, aber sie stößt immer wieder an die Grenzen. Wissenschaft ist das, was Wissen schafft. Das Wissen kommt aber nur aus einer Gehirnhälfte, der linken, logischen. Die Intuition, die rechte Gehirnhälfte, wird dabei nicht berücksichtigt. Die Seele hat das Unterbewußtsein geschaffen, das für Ihren Körper verantwortlich ist und Ihnen jederzeit neutral zur Seite steht. Das Unterbewußtsein handelt nur nach Ihren Vorstellungen und Angaben. Was Sie sich im Geiste vorstellen, gilt dem Unterbewußtsein als erstrebenswert. Dabei handelt es ohne Bewertung. Es wägt nicht ab, ob etwas gut oder schlecht ist. Diese Denkweise kennt es nicht. Befürchtungen nimmt es genauso als vorgegebenes Bild wahr wie Freude und Glück. Es versucht, Ihren Vorstellungen, Ihren Gedanken und Gefühlen gerecht zu werden. Der geistige Horizont ist der Maßstab für das Unterbewußtsein. Das Gefühl, das Sie beim Vorstellen oder Befürchten aufbringen, ist die Energie und wirkt auf die Intensität des Erreichens. Je klarer Sie sich Ihr Ziel vorstellen können, je mehr Gefühl der Erfüllung Sie investieren, desto schneller wird es erreicht.

An sich gibt es kein Unterbewußtsein. Wir nennen es nur so, weil wir dieses Bewußtsein nicht lokalisieren können, weil es »unbewußt« wirkt. Die Wissenschaft der Kybernetik hat herausgefunden, daß dieser Mechanismus Unterbewußtsein zielstrebig eine arterhaltende Funktion ausübt. Es schützt und führt aus. Es ist auf seine eingespeicherten Programme fixiert. Es ist rund um die Uhr aktiv, tagsüber versucht es unsere Gedanken zu verwirklichen, nachts steuert es unser Nervensystem und versorgt alle lebenswichtigen Organe mit Energie und Informationen.

Empfindungen, stark beeindruckende Gefühle sind Botschaften, die wichtig genommen werden müssen. Das Unterbewußtsein, bei Sigmund Freud das »Es« genannt, hat keine eigene Meinung und Wertung. Die Wertung, wenn sie aus dem Gefühl kommt, ist immer schon vorher einprogrammiert worden. Es hat keine eigene Meinung, ist aber ein guter Freund und »korrekter« Diener, denn es führt genau das aus, was Sie ihm eingespeichert haben. Es wirkt auch immer im Jetzt. Es reagiert aufgrund der augenblicklichen Situation. Es denkt nicht voraus, wenn Sie keine Anweisungen geben.

Wenn Sie z.B. suggerieren: »Morgen werde ich richtig handeln«, wird dies vom Unterbewußtsein nur als Absichtserklärung empfunden, und es reagiert darauf nicht. Wenn Sie aber richtig formulieren, unterstützt es Sie sofort.

Diese zweite Kraft spielt in Ihrem Leben eine Hauptrolle, daher müssen Sie diese Kraft auch bei der Verwirklichung Ihrer Ziele einsetzen. Jeden Zustand, den Sie erreichen möchten, können Sie dem Unterbewußtsein einsuggerieren. Sie müssen das, was Sie erreichen wollen, dem Unterbewußtsein als erwünschten Endzustand vorgeben. Es kann nicht unterscheiden zwischen Vorstellung und Wirklichkeit. Jede Vorstellung auf Ihrem geistigen Horizont, ob real oder nicht, wirkt gleichermaßen als Befehl. Diese Schwäche des Unterbewußtseins können Sie zu Ihrem Vorteil nutzen. Geben Sie ihm mit Suggestionen und bildhafter Vorstellung vor, was für ein Ziel Sie haben, und es aktiviert alle in Ihnen liegenden Kräfte. Die Macht der Gedanken und der Suggestion wird auf dem Erfolgs-

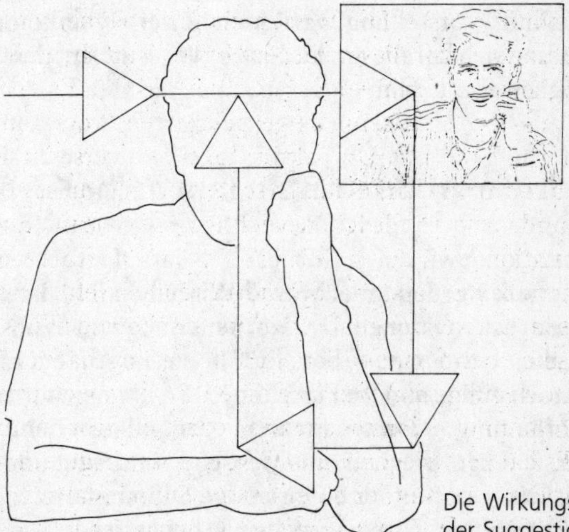

Die Wirkungsweise der Suggestion.

weg unterschätzt. Ihr innerer Kern, geprägt durch Ihre geistige Sicht, wirkt im Leben als Spiegelbild. Alles, was Sie erleben, haben Sie in sich. Aus diesem Grunde streben wir die Koordination der drei Kräfte in Ihnen an.

Jeder mehrfach wiederholte Gedanke wirkt auf das Unterbewußtsein. Daher ist Gedankendisziplin eine unabdingbare Voraussetzung, wirkungsvoll an sich zu arbeiten.

Sie können sich zu jedem erstrebenswerten Ziel eine Suggestion erarbeiten, die Sie sich täglich mehrmals leise oder laut vorsprechen. Je öfter Sie diese wiederholen, um so besser prägt sie sich ein.

Eine Suggestion:
- Muß immer gegenwartsbezogen sein: es ist, ich bin, ich habe
- Darf keine Absichtserklärungen beinhalten, etwa: ich möchte, ich werde
- Muß Ich-bezogen sein, denn sie kann keinen anderen betreffen
- Muß den erwünschten Endzustand aussagen. Sie müssen immer schon das erreichte Ziel oder Zwischenziele angeben. In Ihrer Vorstellung darf kein Zweifel aufkommen. Sie müssen sich bereits am Ende des Weges sehen, den Sie schon schrittweise gehen.

Die dritte große Kraft in Ihnen: Ihr Körper

Warum haben wir einen Körper? Um darauf zu achten, daß wir nicht krank werden, oder wozu? Wir haben ihn, damit wir uns frei ausdrücken können. Der Körper ermöglicht es uns, unseren Gedanken Formen zu geben. Er hilft uns im Außen. Er hat aber auch noch einige andere Funktionen. So können wir an unserer Körperhaltung unseren inneren Zustand ersehen. Wie wir gehen, wie wir sprechen, mit Menschen und Situationen umgehen, ist für den Kenner eine richtige Offenbarung. Sie können versuchen, Ihre Körpersprache zu beherrschen, und werden feststellen, es ist nur unter großem Aufwand möglich. Wir müssen darauf achten, daß wir richtig gehen, uns richtig hinsetzen, die Gestik kontrollieren, und dies erfordert viel Aufmerksamkeit und ist nur über kurze Zeit durchzuhalten. Der Körper lügt nicht. Unsere Aussagen können andere sein, auch können wir mit Taten etwas vortäuschen wollen, aber unsere Absicht wird erkannt, denn unser Körper spiegelt unser Inneres wider. Haben Sie z. B. Respekt vor großen Namen, werden Sie im Gespräch mit ihren Trägern gekünstelt und angespannt wirken. Sind Sie der Meinung, diese Persönlichkeit ist genau so ein Mensch wie Sie, hat nur einen anderen Weg eingeschlagen, werden Sie ihm mit Ihrer ganzen Natürlichkeit gegenübertreten. Achtung sollten wir vor jedem Menschen haben, aber Unterwürfigkeit oder Minderwertigkeitsgefühle nie. Da der Körper Ihr Inneres widerspiegelt, ist es wichtig, daß Sie sich außen so verhalten, wie Sie innen sind.

Innen stimmt mit außen überein.

Der Anthropologe Rolf Schirm hat auch die Frage untersucht: »Warum sind manche Menschen erfolgreicher als andere?« Seine Untersuchungen führte er in der Wirtschaft durch und hat dabei eines festgestellt: Menschen, die Erfolg haben, sind ganz sie selbst. Ihr inneres Wesen stimmt mit dem äußeren Verhalten überein. Sie sind im wahrsten Sinne eigensinnig. Sie haben ihre Vorstellungen, wissen, was sie können, und wissen auch, wo sie nicht so gut sind. Wie schaffen wir es, daß wir ganz wir selbst sind? Ganz einfach, wir müssen uns annehmen, wie wir sind, mit allen Schwächen und mit allen Stärken. Erst wenn wir dies tun, haben wir die Basis dafür geschaffen, daß wir an uns arbeiten können. Auch wenn Sie mit sich noch nicht zufrieden sind und glauben, viele Fehler und Probleme zu haben, können Sie sich sagen: »Ich kenne meine Fehler, und ich arbeite an mir.« Wenn Sie sich selbst akzeptieren, geben Sie keine neue Energie auf Ihre Fehler. Was passiert sonst? Wenn Sie laufend denken, ich bin ungebildet, das kann ich nicht oder ich bin minderwertig, geben Sie Ihrem Unterbewußtsein über Ihre Vorstellungskraft laufend ein Bild vor und belegen es mit dem Gefühl des Bedauerns, der Ablehnung oder sogar mit Haß. Da Ihr Unterbewußtsein nicht wertet, nimmt es Ihre Vorstellung und Ihre Gefühle auf und versucht, mit all seinen Kräften Sie in Ihrer Vorstellung zu bestätigen. Sie durchbrechen diesen Kreislauf erst, wenn Sie eine neue Vorstellung schaffen und diese langsam Wirklichkeit werden lassen. Verurteilung bringt nichts, sie zieht nur das an, was Sie verurteilen.

Durch Ihren Körper haben Sie die Möglichkeit, Ihre Entwicklung und den Erfolg sichtbar zu machen. Wenn Sie eine persönliche Entwicklung vollziehen möchten, können Sie wieder kybernetisch vorgehen:

1. Sie nehmen sich an, wie Sie sind
2. Sie entscheiden, an sich zu arbeiten
3. Sie setzen Prioritäten
4. Sie kontrollieren Ihre Gedanken und Ihre Vorstellungen in diesem Bereich
5. Sie verhalten sich so, als hätten Sie das Ziel bereits erreicht

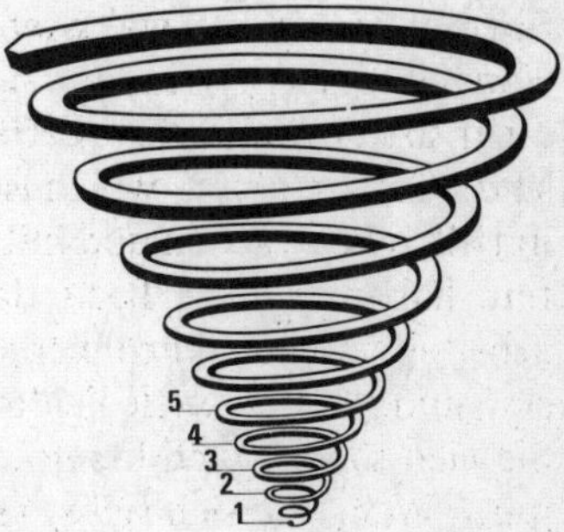

Dieser Mechanismus funktioniert genauso im Negativen:

1. Negativer Gedanke
2. Negatives Ergebnis
3. Frustration
4. Neid
5. Verzweiflung
6. Depression

Wieder erkennen Sie, daß es nur darauf ankommt, am richtigen Punkt anzusetzen, um eine kettenreaktionsartige Selbsterfüllung in Gang zu setzen.

Der Körper im Außen ist das Werkzeug zur Tat. Der Körper ist auf der materiellen Ebene tätig.

Ihre Handlungen, die der dritten Kraft unterstellt sind, sollten genauso auf Ihr Ziel zusteuern wie Ihre Vorstellungskraft und Ihr Gefühl.

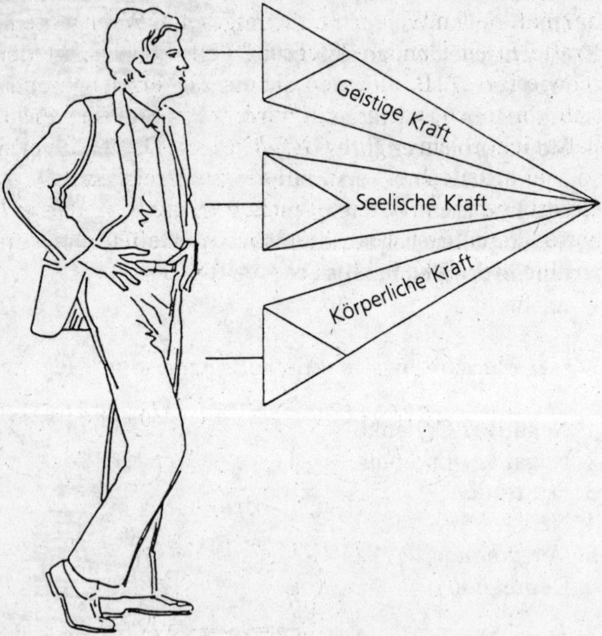

Fassen wir noch einmal zusammen:

Die erste große Kraft in Ihnen, der Geist, hat die Vorstellungskraft in sich. Im Geist denken Sie, und entsprechend Ihrem geistigen Horizont können Sie sich die Situationen vorstellen oder nicht. Sie geben den Plan, Ihr Ziel der Schöpfung vor.

Die zweite große Kraft in Ihnen, die Seele, ist Sitz des Unterbewußtseins und empfängt vom Bewußtsein Anweisungen. Diese Anweisungen werden ohne Wertung zu verwirklichen versucht. Es unterstützt Ihren Plan nach bereits vorgegebenen Mustern, welche Sie im Unterbewußtsein eingespeichert haben.

Die dritte große Kraft in Ihnen, der Körper, vollzieht die Umsetzung, die Ausführung Ihrer Gedanken. Der Plan wird in der materiellen Welt in die Tat umgesetzt. Wenn nur eine dieser Kräfte in eine andere Richtung gelenkt wird, ist der Erfolg schwieriger. Z. B. möchten Sie ein Ziel erreichen und können sich vorstellen, wie es sein wird, wenn Sie es erreicht haben, haben jedoch ein *ungutes Gefühl* in sich. Dann können Sie noch so viel arbeiten, es wird schwer zu erreichen sein, weil das Unterbewußtsein (Glaube) nicht überzeugt ist, daß es funktionieren kann. Erst wenn Sie Glauben, Gefühl und Vorstellung auf Ihr Ziel lenken, ist Erfolg »natürlich«.

2. Teil:

ERFOLGSBEWUSSTSEIN ALS ZIELSETZUNG

Was ist eigentlich Erfolg?

Die Definition kennen Sie schon, er-folg-en, es folgt etwas. Und alles, was folgt, wurde vorher geschaffen; es muß dem etwas vorausgegangen sein. Voraus ging immer der Gedanke als Ursache. Und dem folgt die Tat. Wir sollten im Leben nicht nur Erfolg haben, sondern wir sollten ein Erfolg sein. Alles, was wir tun, soll erfolgreich verlaufen. Erfolg ist auch, wenn Sie aus einem Problem die richtigen Schlüsse gezogen haben. Erfolg ist, wenn Sie sich menschlich und seelisch weiterentwickeln. Erfolg ist, wenn Sie ein Mensch unter Menschen sind. Erfolg ist nur dann gut, wenn er der Gemeinschaft dient. Profitieren Sie alleine, dann handeln Sie introvertiert und egoistisch.

Erfolg kann auch nicht eintreten, wenn Sie nur die Absicht haben, ihn zu bekommen, und dann nichts tun. Sie können

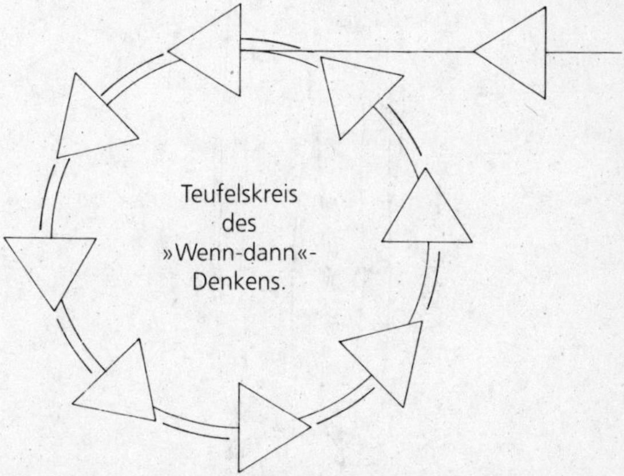

dabei ein ganzes Leben lang Zielen hinterherlaufen, die Sie nie erreichen, weil Sie sich nie anstrengen. Zum Erfolg muß ein unbezwingbarer Wille vorhanden sein. Das Leben ist eine sich selbst erfüllende Prophezeiung. Sie müssen sich Erfolg »prophezeien«. Erfolg verlangt die Einstellung eines Siegers, er muß immer das Ziel im Auge halten und unablässig daran arbeiten. Absichtserklärungen sind nur Traumdenken, das sich jedoch nie verwirklichen kann. Ich kenne unzählige Menschen, die immer sagen: Wenn ich das Problem gelöst habe, fange ich an zu leben. Wenn ich den Betrieb aufgebaut habe, dann fahren wir in den Urlaub. Wenn wir das Haus abbezahlt haben, genießen wir das Leben. Wenn... Wenn... Wenn...

Wer so denkt, hindert sich selbst am Erfolg. Er gibt seinem Unterbewußtsein immer das Bild vor, daß er mit seinem Leben noch nicht zufrieden ist. Und das Unterbewußtsein seinerseits setzt alle Kräfte daran, dieser Vorstellung gerecht zu werden. Der Weg zur Frustration ist schon vorprogrammiert. Für das Unterbewußtsein gibt es nur Erfolg, denn alles, was Sie durch den Filter Ihres Bewußtseins lassen, ist eine klare Anweisung. Es setzen sich sofort alle unterschwelligen Kräfte in Gang.

Entscheiden Sie sich für den Erfolg. Werden Sie sich darüber klar, was Sie haben möchten, und setzen Sie alles daran, Ihren Erfolg dann in die Tat umzusetzen. Auf was richten Sie Ihre elementaren Kräfte?

Sie haben nur eine Kraft zur Verfügung und können sich entscheiden, alles, etwas oder weniger zu erreichen. Es ist eine Sache Ihrer Prioritäten.

Der Beginn der Arbeit

Wir haben uns bis hierher der Theorie gewidmet. Ohne diese fundamentale Theorie ist ein Erfolg nicht möglich. Nun wollen wir mit der praktischen Umsetzung beginnen. Erst wenn Sie die drei großen Kräfte in sich richtig einsetzen und Sie den Zusammenhang erkannt haben, ist es möglich, mit der richtigen Erfolgsplanung zu beginnen. Nachfolgender Weg ist eine sichere und realistische Chance, Ihren Erfolg zu verursachen und zu erleben.

Sie müssen innerlich aber dazu bereit sein. Daß Sie bis hierher gelesen haben, zeugt von dieser Bereitschaft. Ich behaupte nicht, daß der Erfolgsweg einfach ist, er ist verbunden mit Willenskraft und Konsequenz. Er fordert von uns viel, aber wir gewinnen dadurch sehr viel. Und wir dienen uns und den Menschen. Erfolg auf diese Art ist nicht verbunden mit Ellenbogen-Einsatz, sondern ist getragen von Konsequenz und Menschlichkeit. Es ist ein Weg, bei dem es nur Gewinner gibt. In der Tierwelt überlebt das stärkere Tier. Die Natur kennt kein Pardon, das ist ein unerbittliches Gesetz. So grausam geht es bei uns nicht zu. Aber bei uns wird der gewinnen, der seine Kräfte richtig einsetzt und für die Gemeinschaft mitdenkt. Kurzfristige Gewinner können menschliche Werte mißachten, sie können betrügen und lügen. Das Schicksal aber ist absolut gerecht, und das Gesetz von Ursache und Wirkung wirkt immer, für jeden. Keiner kann sich aus dieser Kausalität herauswinden. Daher soll unser Erfolg ein Erfolg für die Menschen sein, nicht gegen sie.

Reich an Geld zu sein bedeutet nicht, erfolgreich zu sein. Erfolg ist erst da, wenn die Gesetze des Wachstums, die Natur und die Würde des Menschen geachtet werden. Wer nur seines Reichtums wegen bewundert wird, ist eigentlich eine »Nichtperson«. Nur wer als Mensch geachtet wird, ist ein lebender Erfolg.

Neue Maßstäbe sind gefordert, denn die Entwicklung schreitet schnell voran. Sie haben die ersten Schritte schon getan, Sie sind auf dem Weg zum persönlichen Erfolg, auf dem es nur Gewinner gibt.

Der ist Sieger, der fleißig ist, der ehrlich ist, der sich von Kleingeistern nicht unterkriegen läßt, der in jeder Situation sein Bestes gibt.

Nun noch einige Fragen zu Ihrer Einstellung:

- **Sind Sie immer der gleichen Meinung?**
  Wie offen sind Sie für Neuigkeiten und Änderungen? Wenn Sie bei dieser Frage einen festen Standpunkt vertreten nach dem Motto: Ich habe immer recht, werden Sie sich schwertun, sich den Veränderungen im Leben anzupassen. – Sie sollten Ihre Meinung haben, die aber Offenheit und Klarheit als Maßstab beinhalten muß. Nur dadurch können Sie Veränderungen im Leben in Ihrem geistigen Horizont verankern.

- **Lassen Sie sich von Argumenten überzeugen, oder sind Sie der Meinung, »man muß immer seinen Standpunkt halten«?**
  Seinen Standpunkt vertreten bedeutet eine Einschränkung der geistigen Sicht. Ich kann dann nur sehen, wo ich im Moment stehe. Mein *Stand*-Punkt ist so. Warum den Standpunkt nicht ändern, wenn es notwendig ist? Gute Argumente sollten eine Entscheidungshilfe sein, und nur Kleingeister, die keinen Überblick haben, behalten ihren Standpunkt.

- **Machen Sie sich die Erfahrung anderer zunutze?**
  Fangen Sie immer wieder an, das Rad zu erfinden, oder sehen Sie sich um, um herauszufinden, welche Fehler schon gemacht wurden, die Sie nicht zu wiederholen brauchen? Der Weise lernt aus den Fehlern der anderen; der Kluge aus seinen eigenen; und der Dumme weder vom einen noch vom anderen. Sehen Sie sich daher gründlich um, bevor Sie ein Projekt beginnen, damit Sie wissen, wo Sie achtgeben müssen und was Sie vermeiden sollten.

- **Sind Sie bereit, Ihren geistigen Horizont zu erweitern?**
  Ihr geistiger Horizont prägt Ihr Verhalten, Ihre Einstellung, ja eigentlich Ihr ganzes Leben. Was tun Sie, um diesen Horizont zu erweitern? Führen Sie interessante Gespräche? Lesen Sie viel? Üben Sie Meditation? Praktizieren Sie Gedankendisziplin? Sehen Sie die Welt mit offenen Augen? Überprüfen Sie Ihre Gewohnheiten? – Es gibt viel, was Sie dafür tun können, ohne daß es Sie zusätzlich Zeit kostet. Allein wenn Sie achtsam durch Ihr Leben schreiten, werden Sie viel Neues entdecken.

- **Wollen Sie immer der »Größte« sein, oder wollen Sie sich Respekt und Achtung durch Menschlichkeit verdienen?**
  Wenn Sie immer der »Größte« sein wollen, haben Sie dies nötig und sind gar nicht groß. Der, der groß ist, braucht hierfür keine Bestätigung. Größe zeigt sich, wie Sie sich anderen Menschen gegenüber benehmen, vor allem den Menschen, von denen Sie nichts zu erwarten haben.

- **Schimpfen Sie über Ihren Beruf, oder arbeiten Sie gerne?**
  Wenn Sie häufig über Ihren Beruf klagen, stellen Sie sich selbst damit ein Armutszeugnis aus, denn Sie haben den Beruf ja gewählt. Was nützt es also zu schimpfen und zu

klagen? Entweder Sie wechseln Ihren Beruf oder Sie akzeptieren ihn und geben das Beste. Wenn Sie ständig unzufrieden sind, hinterläßt dies tiefe Spuren in Ihrem Unterbewußtsein, bis Sie letztlich ins Selbstmitleid verfallen. Das ist dann das Schlimmste, weil Sie die Zeit für Bedauern anstatt für konsequentes Tun verwenden. – Geben Sie dort, wo Sie sind, das Beste, dann leben Sie in der Gegenwart. Wenn Sie ein klares Ziel haben, ist Ihr jetziges Stadium der Startplatz.

– **Was ist Ihnen wichtiger, Privatleben oder Beruf?**
Ich kenne Menschen, die wollen soviel verdienen wie ein Manager, jedoch weder seine Verantwortung tragen noch soviel Zeit wie er für den Beruf aufbringen. Berufsleben und Privatleben sind wichtig. Wenn Ihnen der Beruf Spaß macht, dann werden Sie sowieso keine klare Trennlinie ziehen. Aber Ihr Privatleben sollten Sie ebensowenig vernachlässigen, ansonsten sind Sie nicht in Harmonie.

– **Wie sehen Sie Ihre Chancen zum Weiterkommen?**
Wenn Sie immer noch glauben, Sie könnten nicht weiterkommen, dann müssen Sie noch einmal gründlich über sich nachdenken. Jeder kann einige Stufen weiterkommen, wenn er wirklich will. Es kostet Energie, aber bestimmt nicht mehr Kräfte, als Ihnen sonst durch Unzufriedenheit genommen werden.

– **Beschäftigen Sie sich gerne mit »Ablenkungen«?**
Drücken Sie sich vor der Lösung von Problemen, weil Sie »so viel anderes« im Kopf haben? Verdrängen Sie gerne Probleme und Wünsche? Sie werden merken, daß durch Verdrängung die Probleme nicht verschwinden, sondern größer werden, bis sie gelöst sind.
Auch Wünsche können zu Problemen werden, wenn sie permanent unerfüllt bleiben.

- **Stehen Sie zu Ihrer Person, Ihren Fehlern, Ihren Stärken und Ihren Wünschen?**
  Nehmen Sie sich selbst an, ohne wenn und aber? Erst wenn Sie dies tun, haben Sie die Basis geschaffen, damit Sie an sich arbeiten können. Sich annehmen bedeutet noch lange nicht, mit sich zufrieden zu sein, sich nicht mehr verbessern zu müssen, ganz im Gegenteil: Erst wenn Sie sich annehmen, können Sie sich verbessern und sollten es auch.

Der kybernetische Erfolgsweg

Damit Sie Ihren individuellen Erfolg bekommen können, ist es wichtig, eine Bestandsaufnahme zu machen. Wir stellen zuerst fest, welche Voraussetzungen schon vorhanden sind, und gehen dann dazu über, die Punkte festzulegen, die Sie auf Ihrem Weg zum Erfolg noch erreichen müssen.

Realistischerweise müssen wir sehen, daß wir unser Ziel nur erreichen können, wenn wir uns den Weg dafür bahnen. Es ist nicht entscheidend, wo Sie im Moment stehen, aber es ist entscheidend, welche Richtung Sie einschlagen. Jeder Mensch hat besondere Eigenschaften im Charakter, in der Bildung, in seinen Fähigkeiten. Auch Neigungen sind vorhanden, die auf Fähigkeiten schließen lassen. Wenn Sie jahrelang dasselbe machen, sagt das noch gar nichts über Ihre Fähigkeiten aus. Sie können mehr, als Sie sich zutrauen. Sie haben ein Gesicht, das es kein zweites Mal auf der ganzen Welt gibt, unverwechselbar, genau wie Ihre Fingerabdrücke. Sie sind mit Ihrer Figur einmalig. Das gleiche gilt für Fähigkeiten. Sie haben Ihr Schicksal, das Sie prägt. Nutzen Sie daher Ihre innersten Neigungen und Fähigkeiten. Sie sind so geschaffen, damit Sie den Menschen dienen können. Ihre Fähigkeiten, richtig in den Dienst der anderen gestellt, bringen Ihnen Vorteile und Ihren Mitmenschen auch.

Es ist ganz klar, daß wir immer mehr verdienen wollen, aber dies soll nicht durch unlautere Schritte geschehen, denn es geht auch anders. Sie kennen sicher Beispiele von Menschen, die des Geldes wegen weder Skrupel noch Moral kennen. Diese Menschen halten ihr Umfeld durch Macht – in Form von Geld oder durch Drohung – in Schach. Wirkliche Freunde haben sie nicht, und der Welt sind sie auch nicht dienlich, denn ohne ethische Werte besitzen diese Menschen nur Geld, sonst nichts.

Wir sollten einen Erfolgsweg beschreiten, bei dem Geld ein angenehmes Nebenprodukt ist. Dies funktioniert leicht, wenn Sie mehr geben, als von Ihnen erwartet wird. Geben Sie dem Schicksal zu verstehen: Sieh her, ich gebe in meinem Bereich das Beste, bitte tu auch du das deine dazu. Sie werden sehen, daß Sie nicht enttäuscht werden. Unter diesem Aspekt können Sie nun eine Selbstanalyse machen. Seien Sie anfangs nicht zu gründlich, denn wenn Sie die Checklisten später überarbeiten, werden Ihnen neue Punkte einfallen, die Sie dann ergänzen können.

Die folgende Eigenanalyse soll Ihren Bildungsweg und all Ihre beruflichen, privaten und sportlichen Fähigkeiten beinhalten. Schreiben Sie nun in Stichworten in Ihre Checkliste:

Schulbildung
- Ablauf Ihrer Schulbildung
- Studium
- Fortbildungskurse

Beruf
- Ihr Lehrberuf
- Verschiedene Tätigkeiten im Beruf
- Was taten Sie besonders gerne?
- Welche Nebenberufe haben Sie ausgeübt?

Hobbys
- Welche Hobbys betreiben Sie?
- Was reizt Sie daran?
- Welche Sportart üben Sie aus?

Eigenschaften	AUSPRÄGUNG schwach	mittel	stark

Nun haben Sie eine Auflistung von Fähigkeiten und Neigungen. Auch wenn es Ihnen noch nicht als wichtig erscheint, Sie sehen nun Schwarz auf Weiß, daß Sie mehr in sich haben, als Sie für möglich halten. Diese Liste ist sicherlich nicht vollständig, denn im Laufe der Arbeit werden Ihnen weitere Details einfallen, die Sie längst vergessen haben.

Die Macht der Ziele

Jeder Mensch hat Ziele und Vorstellungen. Sie werden unterschiedlich ausfallen, weil jeder einen anderen geistigen Horizont besitzt. Mancher mag das Ziel haben, ohne Probleme durchs Leben zu kommen, andere, viel Geld zu machen. Oder vielleicht bekannt zu werden. Für viele jedoch ist gar kein erstrebenswertes Ziel in ihrem geistigen Horizont verankert. Viele erreichen ihre Ziele im Leben nie, weil sie nicht den Mut aufbringen, sich überhaupt welche zu setzen.

Sie möchten viel erreichen, wissen aber nicht, was. Sie sehen Dinge, die Sie gerne hätten, strengen sich aber nicht an, diese zu erreichen. Sie erwarten, daß Ihnen das Schicksal alles ohne Anstrengung vor die Füße legt. So einfach geht es allerdings nicht.

»Gott hat keine anderen Hände als die Deinen.«

Kurt Tepperwein

Alles, was im Kosmos geschaffen wird, wird durch Aktivität erreicht. Die Natur bringt viel Aktivität auf, um den Kreislauf der Jahreszeiten in Gang zu halten. Der Mensch muß ähnlich aktiv sein, um seine Ziele zu erreichen. Das Gesetz lautet:

Du kannst alle realistischen Ziele erreichen, die Du Dir vorstellen kannst und für die Du bereit bist zu arbeiten.

Als Arbeit ist hier nicht nur körperliche gemeint, sondern vielmehr geistige. Es stellt sich nur die Frage, ob wir unsere Ziele kennen? Erst wenn wir dies tun, können wir geistig in die Richtung arbeiten, wohin wir möchten.

Warum sind Ziele so wichtig?

Kein Architekt baut ein Haus, ohne sich vorher Gedanken darüber zu machen, wie es aussehen soll. Anschließend zeichnet er einen Plan, der dem Bauherrn vorgelegt wird. Dieser entscheidet dann, ob Änderungen vorgenommen werden oder nicht. Nichts wird dem Zufall überlassen. Alles wird festgehalten. Nach den Vorgaben arbeiten nun alle Handwerker, und aufgrund des Planes wissen alle genau, welche Maße, welche Wünsche und welche Richtlinien beachtet werden müssen.

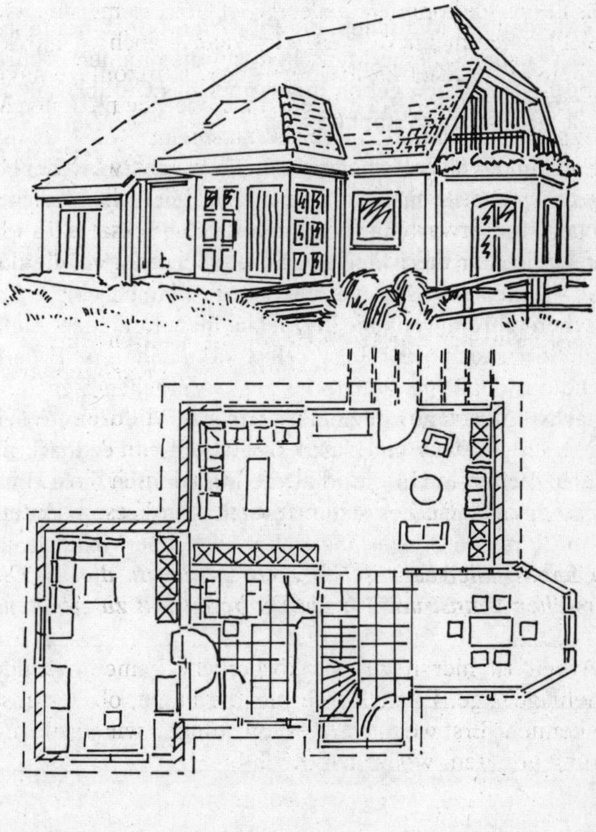

Für unsere Ziele ist das Bewußtsein der Architekt. Es muß als erstes wissen, was es will. Wenn es einen Plan hat, wird dieser vom Unterbewußtsein getreu ausgeführt. Ohne Gegenkontrolle, ohne Zweifel daran, daß etwas nicht stimmen könnte. Ziellosigkeit ist auch ein Plan. Es ist der Plan der Zerstreuung.

Ein Ziel kann uns zu Höchstleistungen anspornen. Es kann uns motivieren, Dinge zu schaffen, die uns begeistern und anderen Menschen eine Hilfe sind. Ein Ziel bedeutet, einen Weg vor sich zu haben, nach dem wir uns richten können. Ein klares Ziel fördert unsere unterbewußten Kräfte. Mit einem klaren Ziel verzetteln wir nicht unsere Kräfte.

> »Meiden Sie Menschen, die Ihre Ambitionen herabzusetzen suchen. Kleine Menschen tun dies immer; wahrhaft große Menschen geben Ihnen aber das Gefühl, daß auch Sie groß werden können.« *Mark Twain*

Ziele geben uns einen Lebensinhalt. Ein klares Ziel ist der beste Grund, etwas nicht mehr aufzuschieben. Ziele spornen Sie zu Höchstleistungen an, sie fördern das zutage, was wirklich in Ihnen steckt; und das ist mehr, als Sie sich zutrauen. Mit klaren Zielen können Sie Geld verdienen. Sie können eine Gruppe Menschen führen, wenn Sie Ihr Ziel kennen. Mit einem Ziel vor Augen kann sich der Geist selbst kontrollieren. Er erhält laufend aus der Umgebung oder aus Gesprächen Signale, wie der nächste Schritt zu vollziehen ist oder was lieber unterlassen werden sollte. Ohne ein klares Ziel ist dieses Feedback nicht möglich. Tragen Sie in die folgende Matrix Ihre Ziele ein, die Sie anfangs des Buches schon festgehalten haben. Vielleicht sind mittlerweile einige hinzugekommen und vielleicht auch manche weggefallen.

______________________	______________________
______________________	______________________
______________________	______________________

Nehmen Sie ein wichtiges Ziel, und tragen Sie als Äste ein, welche Teilziele sich um das Hauptziel gruppieren. Hängen Sie alle kleinen Ziele an, die zum großen Ziel dazugehören.

Jedes große Endziel beinhaltet viele kleine Zwischenziele. Zu oft wird nur das große Ziel angestrebt, und wenn es zu hoch hängt, scheint das Erreichen unmöglich. Daher ist eine Unterteilung wichtig, um in kleinen Schritten sicher zum Ziel zu schreiten.

Wir werden auf den nächsten Seiten eine klare Unterteilung vornehmen, wobei die großen Ziele, L-Ziele genannt, in mittelfristige und kurzfristige unterteilt werden.

Wenn Sie diese Aufstellung sehen, werden Sie erkennen, wieviel an einem einzigen Wunsch hängt. Alle Ziele sollten erreicht werden, aber da wir nur eine Energiequelle zur Verfügung haben, teilen wir unsere Kräfte auf und erreichen auch unsere wichtigen Ziele nur in Ansätzen.

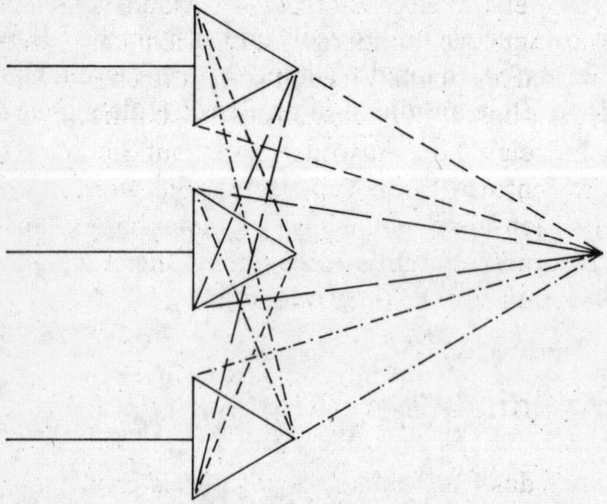

Energie, nicht richtig eingesetzt, hebt sich gegenseitig auf.

Wir werden mit geistiger Lebensenergie rund um die Uhr versorgt. Diese Energie strömt neutral in uns ein. Aufgrund der in uns vorherrschenden Gedanken wird nun diese Energie mit unserer Schwingung versehen, und wir senden sie dann ins Leben hinaus. Gedanken erzeugen elektromagnetische

Schwingungen, die man heute schon messen kann. Kein Gedanke kommt leer zurück. Nun überlegen Sie, wie viele Gedanken Sie aufbringen, die gegen Sie selbst gerichtet sind. Allein wenn Sie denken: »Werde ich das Ziel erreichen? Warum sollte gerade ich Glück haben?« oder: »Hoffentlich mißlingt mir dieses Vorhaben nicht wieder!« Setzen Sie diese Kräfte gegen sich ein. Alle Zweifel, geprägt mit Gefühl, haben eine enorme Wirkung. Tauschen Sie daher alle Zweifel in Ihrem geistigen Horizont aus, und setzen Sie statt dessen den Glauben an neue Ziele, die Sie in viele kleine Schritte unterteilen. Das Prinzip ist dasselbe wie bei der Problemlösungstechnik. Um dies schaffen zu können, müssen Sie Ihre Ziele genau kennen und Sie müssen dazu stehen. Es mag Ihnen vielleicht zu kompliziert erscheinen, alle Details so aufzulisten. Entsprechend Ihrer Persönlichkeits-Struktur werden Sie leichter oder nur mit großer Überwindung planen. Ich kann Ihnen aber versichern, daß es für Sie eine enorme Bereicherung sein wird. Damit wir uns besser verstehen, möchte ich Ihnen drei typische Reaktionen zeigen, die entweder genau auf Sie zutreffen oder in einer Mischform Ihren Typ treffen. Sie werden erkennen, daß viele Menschen ähnliche Probleme haben. In meinen Beratungen und Seminaren gab es immer diese drei Auffassungen bzw. Arten von Problembewußtsein.

Der emotionale Typ

Er liebt stets das Neue und ist leicht begeisterungsfähig. Hohe Ziele spornen ihn an. Er will sich immer beweisen, wie gut er ist, und er sucht sehr nach Anerkennung und Prestige. Er grübelt nicht gerne, sondern handelt lieber. Die Zunge ist manchmal schneller als seine Gedanken. Aussagen nimmt er manchmal auf die leichte Schulter. Ziele, die er sich steckt, erreicht er zwar, läuft aber Gefahr, zu schnell von einem anderen neuen Ziel abgelenkt zu werden. Seine Ziele sind immer groß, er gibt sich nicht mit Kleinigkeiten zufrieden. Er kann sich in eine

Sache hineinversetzen und andere Menschen dafür begeistern. Die vorher aufgeführte detaillierte Planung scheint ihm zu kompliziert, denn »so etwas hat man im Gedächtnis, man weiß es«, ist seine Meinung. Aber die Praxiserfahrung hat gezeigt, daß er die Ziele schneller und leichter erreicht, wenn er sich dazu überwindet, wenige Minuten auf die schriftliche Fixierung zu verwenden.

Am liebsten würde er den ganzen »Kleinkram«, der notwendig ist, anderen überlassen, damit seine Kreativität nicht gebremst wird. Er neigt auch leicht zum Besserwissen. Für alles hat er eine passende Antwort. Als Mitarbeiter will er eine besondere Stellung haben. Er möchte, daß alle seine Leistung sehen und anerkennen. In Führungspositionen ist dieser Typ passend, wenn er genügend Menschen um sich hat, die den Kleinkram erledigen. Auf Seminaren hat sich gezeigt, daß er sehr schnell neue Erkenntnisse ins Leben integrieren kann. Sein Problem ist die fehlende Ausdauer, denn Geduld ist nicht seine Stärke.

Menschen, die diesem Typ angehören, empfehle ich, mit gewohnter Dynamik an die Sache zu gehen und zu erkennen, daß diese Detailarbeit ihnen hilft, Ziele schneller zu erreichen. Sie sollten nicht minuziös planen und sich nicht selbst vergewaltigen. Aber einmal ein paar Minuten ruhig schriftlich seine Gedanken zu formulieren, dürfte kein Opfer sein, wenn dadurch Ziele schneller erreicht werden. Er sollte diese schriftliche Formulierung als Mittel zum Zweck sehen und wird dann sofort erkennen, daß er schneller an sein Ziel kommt. Er sollte sich überlegen, warum das schriftliche Formulieren ein Vorteil ist, und aufgrund seiner fixen Auffassungsgabe wird er den Vorteil schnell erkennen.

Der empfindsame Typ

Er beschäftigt sich gerne mit seiner Vergangenheit, hält an vergangenen Erfolgen fest und zweifelt, ob die Zukunft jemals wieder so werden wird. Er tut sich mit Veränderungen schwer. Er hat gerne Kontakt zu Menschen, liebt Essen und Trinken. Die Menschen mögen ihn, und er mag sie. Er ist sehr sensibel und leicht verwundbar. Im Beruf strebt er nicht nach oben, möchte nur eine sichere Stellung haben. Beim Verfolgen seiner Ziele läßt sein Engagement manchmal zu wünschen übrig. Probleme schiebt er lieber auf die lange Bank, man könnte ja gekränkt werden. Er grübelt häufig zu lange. Für menschliches Versagen hat er Verständnis. Das Risiko scheut er. Er erzählt gerne, manchmal zu lange. In der Partnerwahl sucht er nicht das Extravagante, eher das Beständige.

Einen Empfindungstyp kostet es auch Überwindung, Dinge zu planen. Im Gegensatz zum emotionalen Typ, der zu spontan ist und sich nicht gerne festnageln läßt, ist der Empfindungstyp etwas zu bequem. Er muß seinen inneren Widerstand überwinden und lernen, schriftlich zu formulieren. Er tut sich leichter, wenn er weiß, was auf ihn zukommt. Damit gewöhnt er sich leichter an die Veränderungen, und er lernt Zweifel aufzugeben. Seine Schwäche, nicht »Nein« sagen zu können, macht ihn für viele sympathisch. Diesen Vorteil sollte er auch in allen Planungen berücksichtigen.

Der rationale Typ

Dem rationalen Typen ist die Ordnung wichtig. Er denkt gerne logisch und liebt die Perfektion. Für neue Technik ist er offen, denn sein Blick ist in die Zukunft gerichtet. Er ist gerne ein Betrachter und will nicht in der ersten Reihe stehen. Mit Menschen geht er distanziert um, denn zuerst will er testen, abwägen, und dann erst öffnet er sich. Er überläßt nichts dem Zufall und plant gerne, manchmal zuviel. Die Gründlichkeit ist für ihn ein Lebenselixier, aber manchmal übertreibt er. Er hat nicht sofort Vertrauen, darunter leiden oft die Menschlichkeit und Spontaneität. Er redet auch gerne, meist fachbezogen,

denn das liegt ihm am meisten. Er möchte für alles eine logische Begründung haben, was mitunter Schwierigkeiten in der Kommunikation bringt.

Diesem Typ empfehle ich, bei seiner Erfolgsplanung nicht zu kritisch vorzugehen. Er sollte beachten, daß er zum Verwirklichen seiner Pläne Menschen benötigt und Zahlen nur tote Materie sind. Ihm wird die Ausführung der Zielplanung und Definition zu oberflächlich sein. Er kann aber jederzeit Ergänzungen hinzufügen, sollte jedoch darauf achten, daß er zur Tat schreitet und nicht bei einer wunderbaren Theorie hängenbleibt.

Vielleicht erkennen Sie sich in einigen Wesenszügen wieder. Es ist nicht meine Absicht, jemanden in ein Schema zu pressen, sondern ich wollte nur ein paar mögliche Reaktionsformen aufzeigen, die mir immer wieder begegnen. Diese Typenbeschreibung ist keineswegs vollständig, sie soll vielmehr nur zeigen, daß jeder Mensch, egal welcher Struktur, *seinen* Erfolg haben kann, wenn er sich nicht selbst im Wege steht. Diese Schritte zum Erfolg sind für alle geeignet, allerdings sollte immer dazu beachtet werden, daß Sie eine eigene Persönlichkeit sind mit Ihrem eigenen geistigen Horizont, in dem Ihre Erfahrungen, Ihre Maßstäbe und Ihre Vorstellungen verankert sind. Sie sollten immer mitdenken und nicht einfach nachmachen. Manches mag Ihnen sehr gut gefallen, anderes mag Sie stören. Entscheiden Sie selbst.

> »Glaubet den Lehrern nicht, glaubet den Büchern nicht, glaubet auch mir nicht. Glaubet nur das, was Ihr selbst sorgfältig geprüft und als Euch und anderen zum Wohle erkannt habt.« *Buddha*

Der Erfolg ist immer individuell. Ich meine, er muß es sein, denn ansonsten laufen alle denselben Zielen hinterher, und wir würden alle miteinander konkurrieren. Selektieren Sie Ihren individuellen Erfolgsweg heraus, damit die Verzettelung aufhört, und Sie werden merken, wie Sie sich wohler fühlen.

Zu viele Gedanken verwirren, und das Ergebnis ist nur halb so gut, wie es sein könnte. Wenn wir alles auf einmal haben möchten, verhalten wir uns gegen die Gesetze der Natur.

Am Beispiel eines Baumes können wir die Entwicklung sehr deutlich erkennen. Wird ein Baum gepflanzt, dann wird er an einem Pfahl angebunden, damit ihn der Wind nicht umreißen kann. So festigt er sich im Erdreich und entwickelt seine Wurzeln. Entsprechend seiner Verwurzelung im Erdreich beginnt sein Stamm zu wachsen. Seine Äste sind dünn und klein. Er trägt wenig Blüten. Seine Energie nutzt er dazu, Wurzeln, Stamm und dann langsam die Krone zu entwickeln und zu festigen.

Hat sich der Stamm stärker entwickelt, müssen der Pfahl und das Seil, die ihn gehalten haben, weggenommen werden, sonst kann er sich nicht entfalten. Nun steht er alleine fest im Erdreich. Wind und Wetter können ihm nichts anhaben.

Dann wächst er weiter und fängt an, Früchte zu tragen. Jedes Jahr ein paar mehr, bis er sich zum großen, vollständig ausgewachsenen Baum entwickelt hat.

Auch jetzt teilt er immer noch seine Energie ein. Im Frühjahr nutzt er seine Kräfte, um zuerst die Äste etwas treiben zu lassen, dann läßt er Blätter und Blüten wachsen, und erst anschließend trägt er die Früchte. Er teilt seine Energie sorgfältig ein, um seinen Plan zu erfüllen und seine Ziele zu erreichen.

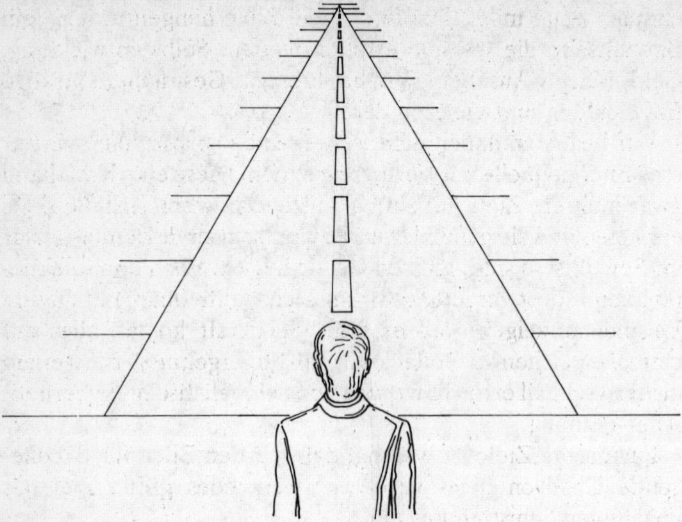

Denken wir nun analog zu unserem Leben:
Im Kindesalter werden wir von den Eltern geführt und gefestigt (der Pfahl). Wir lernen, im Leben zurechtzukommen, lernen, was Recht und Ordnung ist, und wir festigen uns in unserer Persönlichkeit. Wir haben anfänglich noch wenig eigene Meinung, entwickeln diese aber zunehmend (die Wurzeln in unserem Unterbewußtsein breiten sich aus). Wir entwickeln unsere Persönlichkeit, und mit zunehmendem Alter müssen wir unseren eigenen Halt im Leben finden (ohne Pfahl). Die Selbsterziehung setzt nun ein. Das Leben fordert uns immer mehr. Nun beginnen wir unser Leben nach unseren Vorstellungen zu gestalten; wir machen Lebenserfahrungen und lernen aus Problemen und Schwierigkeiten. Wir machen Fehler und lernen daraus, bis wir uns gefestigt haben und selbstsicher sind.

Jetzt haben wir große Ziele. Wir wollen uns eine Existenz aufbauen. Nun beginnt der Kampf. Die Natur dosiert und gibt die Kräfte, um den jeweils nächsten Schritt zu vollziehen. Wir wollen hier die Naturgesetze überlisten. Wir möchten alles auf einmal, wenn möglich sofort. Viele Ziele hängen in unserem Bewußtsein, die wir alle erfüllen wollen: Selbstentwicklung, Geld, Macht, Ansehen, Familie, Freizeit, Gesundheit, geistige Entwicklung und vieles andere.

Wir beachten dabei nicht, entgegen der Natur, daß wir nur eine Energiequelle zur Verfügung haben. Diese eine Kraft kann zwar mehrere Ziele auf einmal ansteuern, wenn sich die Ziele ergänzen und sie ganz klar im Bewußtsein sind. Damit sie klar im Bewußtsein sind, müssen wir sie aufschreiben und selektieren, denn sonst verzetteln wir uns. Ich wollte Ihnen mit diesem Beispiel aufzeigen, daß es sehr viel Kraft kostet, alles auf einmal erreichen zu wollen, und daß die Ergebnisse bei weitem nicht so schnell erreicht werden wie bei realistischer kybernetischer Planung.

Für unsere Ziele ist wichtig, daß wir den Blick für naheliegende Chancen nicht verlieren, weil jedes große Ziel aus unzähligen Schritten besteht.

Das Umgehen mit Zielen

A B C-Selektion von Zielen

Wir unterteilen die Ziele in langfristige (L) Ziele, mittelfristige (M) Ziele und kurzfristige (K) Ziele. Wählen Sie den Zeitpunkt aus, der für Sie langfristig ist.

Legen Sie bitte einmal Ihren eigenen Raster fest. Entsprechend Ihrer Persönlichkeitsstruktur werden Sie länger oder kürzer planen. Wichtig ist, daß Sie überhaupt wissen, welche Zeiträume Sie zugrunde legen. Ohne zeitliche Orientierung ist keine Motivation da, denn dann heißt es, »ich habe ja noch viel Zeit«. Zeit ist aber nicht nur Geld, Zeit ist Leben. Was Sie heute versäumen, ist vorbei. Sie können das Gestrige nicht mehr zurückholen. Wenn Sie nichts tun wollen, dann lassen Sie's, dafür brauchen Sie keine Ausrede. Wenn Sie aber ein Ziel anstreben, dann sollten Sie dies mit der gleichen Konsequenz tun.

Sie haben viele Ziele, die Sie erreichen möchten, aber alle auf einmal anzustreben ist unmöglich, da Sie nur eine einzige Energie zur Verfügung haben. Lenken Sie diese Energie auf das im Moment wichtigste Ziel und schreiten dann zum nächsten. Manche Ziele lassen sich erst in einigen Jahren erreichen, aber Sie müssen schon jetzt mit der Umsetzung beginnen. Die Umsetzung sind dann K- oder M-Ziele, die auf das L-Ziel zusteuern. Insofern laufen immer mehrere Ziele nebeneinander. Wichtig ist, daß Sie genau wissen, wohin Sie möchten, und daß Sie alles Notwendige getan haben, was bis zum heutigen Zeitpunkt möglich war. Wählen Sie nun Ihre individuelle Periode aus, die in Zukunft Ihr Maßstab ist.

1–5 Jahre L-Ziele, mein L-Ziel ist:

___

1–12 Monate M-Ziel, mein M-Ziel ist:

___

1–30 Tage K-Ziel, mein K-Ziel ist:

___

Sie haben eingangs zehn Wünsche niedergeschrieben. Blättern Sie nun noch einmal zurück und unterteilen Sie diese in lang-, mittel- und kurzfristige Ziele.

Ergänzen Sie nun auf den folgenden Seiten die ersten zehn Wünsche fortlaufend, bis alle Ziele, die bisher nur im Geist präsent waren, in Ihrer Matrix stehen. Wichtig ist hierbei, daß Sie alle Ziele auf einen Blick erfassen können und Sie somit die Gedanken zur Verwirklichung frei haben. Selektieren Sie nicht, sonst kommt es leicht zu Verzettelung.

Die kurzfristigen Ziele sind Tagesziele. Es können und werden sehr viele sein. Alle werden in irgendeiner Weise einem großen Ziel zustreben. Erst wenn Sie wirklich alle Ihre Wünsche und Probleme in Form von zu erreichenden Zielen niedergeschrieben haben, besteht die Chance, diese zu erreichen. Sie entlasten Ihr Gedächtnis, haben alles bildhaft vor sich und können immer wieder aktuell überprüfen, ob sich ein Ziel geändert hat oder nicht.

Notieren Sie nun in der linken Spalte die Rangfolge der K-, M- und L-Ziele, wie Sie die Ziele also erreichen wollen. Das wichtigste erhält eine 1, die nächsten eine 2, 3, 4 und das unwichtigste eine entsprechend höhere Zahl. Achten Sie darauf, daß es zwischen den L-, M-, K-Zielen keinen Widerspruch gibt. Alle K- und M-Ziele sollten Zwischenstufen zum L-Ziel

Meine L-Ziele

1. ______________________________

2. ______________________________

3. ______________________________

4. ______________________________

5. ______________________________

6. ______________________________

7. ______________________________

8. ______________________________

9. ______________________________

10. ______________________________

11. ______________________________

12. ______________________________

13. ______________________________

sein. Das langfristige Ziel ist das, was Sie in Ihrem Unterbewußtsein speichern.

Wir vergessen immer, daß eine Million Mark aus einzelnen Markstücken besteht, nämlich aus 1 000 000 einzelnen Teilen.

Meine M-Ziele

1. ______________________________

2. ______________________________

3. ______________________________

4. ______________________________

5. ______________________________

6. ______________________________

7. ______________________________

8. ______________________________

9. ______________________________

10. ______________________________

11. ______________________________

12. ______________________________

13. ______________________________

Sich vorzustellen, diese Summe auf einmal zu besitzen, ist nicht leicht. Zu erkennen, daß Sie aber durch richtiges Vorgehen die Markstücke ansammeln können, ist einfach. Das Endziel steht fest, aber es ist geistig noch nicht greifbar.

Meine K-Ziele

1. ______________________________

2. ______________________________

3. ______________________________

4. ______________________________

5. ______________________________

6. ______________________________

7. ______________________________

8. ______________________________

9. ______________________________

10. ______________________________

11. ______________________________

12. ______________________________

13. ______________________________

Genauso verhält es sich bei anderen Zielen. Ein Ziel besteht aus vielen Teilen. Manche Teile können sofort erreicht werden, andere erst später. Wenn Sie jeweils das tun, was möglich ist, erreichen Sie Ihr Ziel sicher.

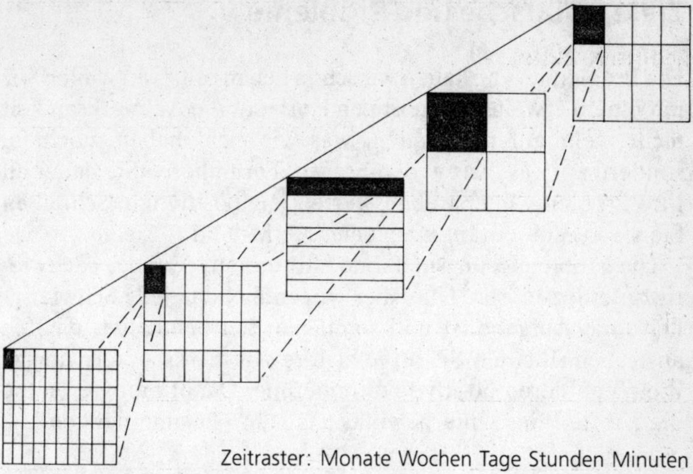

Zeitraster: Monate Wochen Tage Stunden Minuten

- ***Ein Jahr besteht aus 12 Monaten,***
- ***ein Monat aus 4 Wochen,***
- ***eine Woche aus 7 Tagen,***
- ***ein Tag aus 24 Stunden,***
- ***eine Stunde aus 60 Minuten.***

Wollen Sie nun ein Ziel erreichen, ist es wichtig, den Augenblick zu nutzen, denn das Leben ist eine einzige Kette von Augenblicken. Große Ziele werden durch stetiges Arbeiten sicher erreicht. Fragen Sie sich bei all Ihren Zielen:

- ***Was kann ich jetzt sofort tun?***
- ***Was kann ich heute noch tun?***
- ***Was muß ich morgen tun?***

Nur wenn Sie so vorgehen, ist ein natürliches Wachstum möglich.

Ziele, Wünsche und Probleme

Die Problemlösung haben wir schon behandelt. Nun wollen wir mit einem erweiterten geistigen Horizont die Aufmerksamkeit nicht mehr auf das richten, was wir nicht haben möchten, sondern auf das, was wir wünschen. Formulieren Sie daher all Ihre Probleme in erstrebenswerte Ziele positiv um. Schreiben Sie sie zu den vorangegangenen K-, M- und L-Zielen.

Die Problemlösungsmethode hilft uns am Anfang, »Schwierigkeiten« zu lösen. Nun aber wissen Sie, daß jede Schwierigkeit eine Aufgabe ist und somit ein Ziel beinhaltet, das Sie anstreben. Richten Sie ab jetzt Ihre Aufmerksamkeit auf die Ziele und deren positive Formulierung. Damit motivieren Sie die Kräfte Ihres Unterbewußtseins zum »Lösungsdenken«.

1. Was will ich, worauf richte ich meine Aufmerksamkeit?
2. Ich denke »schriftlich« und unterteile meine Ziele
3. Ich suche einen Zusammenhang zwischen den Zielen
4. Ich ordne nach Rangfolge des zur Zeit Erreichbaren
5. Ich beginne mit der geistigen Verwirklichung

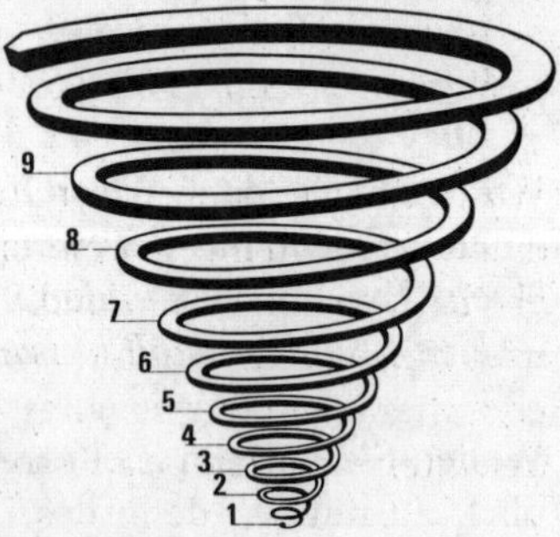

6. Ich beginne in kleinen Schritten mit der Umsetzung
7. Ich sehe Fortschritte und motiviere mich
8. Ich erreiche ein Teilziel nach dem anderen
9. Ich schraube mich in das Endziel hinein

»Das gute Gelingen ist zwar nichts Kleines, fängt aber mit Kleinigkeiten an.« *Sokrates*

Rechts in den Spalten sollten Sie das ungefähre Datum angeben. Sie können einen realistischen Zeitpunkt festlegen und müssen sich nicht unnötig in Streß bringen. Sehen Sie nach, ob sich eventuell Ihre Ziele widersprechen.

Fragen Sie sich nun, warum Sie diese Ziele erreichen wollen. Welches Motiv steckt dahinter?

- Ist es Geld?
- Ist es Anerkennung?
- Sind es Machtgelüste?
- Ist es der Wille zum Helfen?
- Ist es die Freude am Schaffen von Neuem?
- Ist es die Freude, anderen zu beweisen, daß Unmögliches möglich ist?
- Ist es Zwang, z. B. aus Gesundheitsgründen?
- Ist es ein Selbstbeweis?
- Wollen Sie Ihre Fähigkeiten voll ausschöpfen?

Was treibt Sie dazu, Ihren Erfolgsweg zu beschreiten? Es gibt einen Grund in Ihrem Inneren, der Sie antreibt. Klären Sie dies ehrlich vor sich selbst, und Sie sehen dann schon etwas klarer und fühlen sich wohler. Stehen Sie dazu. Sie können alles erreichen und dürfen alles wollen, wenn andere Menschen darunter nicht leiden müssen.

Ihr Recht hört da auf, wo das Recht des anderen beginnt.

Es ist sehr gut, wenn Sie ehrlichen Herzens zugeben, ja, ich will mehr Geld, ja, ich will mehr Anerkennung oder ich will mehr Macht.

Sie können mit allen Motiven anderen Menschen helfen und Ihre Ziele dennoch erreichen. Große Ziele sind wichtig und gut, und Sie können alle erreichen, wenn Sie dafür arbeiten.

Machen Sie nun eine Standort-Analyse. Wo stehen Sie jetzt beruflich, privat, gesellschaftlich, geistig und seelisch? Was ist das Ideal, das Sie erreichen möchten?

Jetzt	**Idealziel**	erreicht bis

Bis das Idealziel erreicht werden kann, mag noch einige Zeit vergehen, aber Sie sind schon auf dem richtigen Weg. Nichts kann Sie abhalten, wenn Sie wirklich wollen. Und wenn Sie wirklich wollen, wird Ihnen das Schicksal treu zur Seite stehen. Denken Sie, daß schon Unmögliches durch die Kraft des Willens erreicht wurde.

Einsatz der drei Kräfte zum kybernetischen Erfolgsweg

1. Kraft: Der Geist

Sie selektieren Ihre Ziele schriftlich und werten nach Wichtigkeit aus. Sie werden frei von Verzettelung und können nun über die Verwirklichung nachdenken. Sie schreiben Ihr wichtigstes Ziel in eine neue Checkliste und gehen an die Arbeit, Ihre Absicht zu verwirklichen. Durch die schriftliche Formulierung vergessen Sie nichts.

2. Kraft: Die Seele, das Unterbewußtsein

Anhand des ausgewählten Zieles erarbeiten Sie sich eine Suggestion, die Sie durch Gedankendisziplin oder in der Entspannung Ihrem Unterbewußtsein suggerieren. Je öfter Sie die

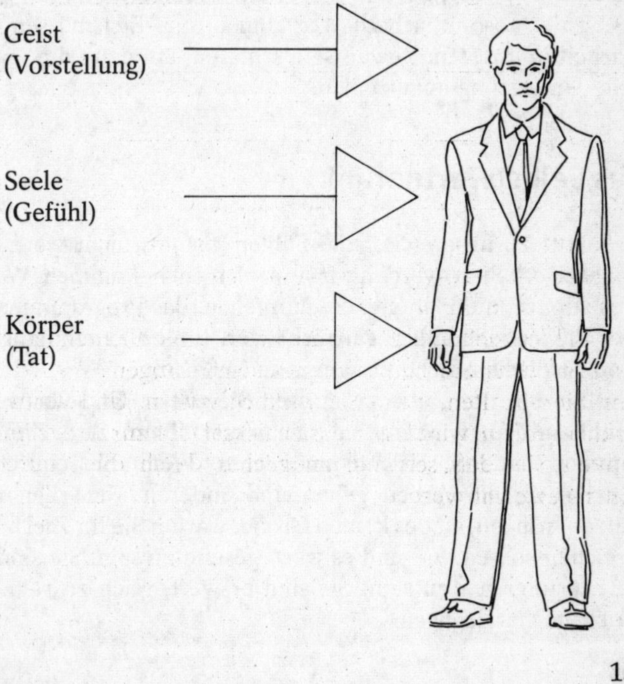

positive Suggestion wiederholen, um so schneller wird sie ein Teil von Ihnen. Ihr geistiger Horizont wird in Richtung »Ziel« programmiert und erweitert. »Alles, was Sie sich geistig vorstellen und erfassen können, kann sich auch verwirklichen.« Der Einsatz der unterschwelligen Kräfte ist von größter Wichtigkeit.

3. Kraft: Der Körper

Ich kenne viele Esoteriker und Menschen aus der sogenannten New-Age-Bewegung. Sie sind gut und denken positiv, kommen aber nicht von der Stelle.

Der Grund ist einfach: Wenn nur dem Unterbewußtsein suggeriert wird, was erreicht werden soll, aber in der materiellen Welt nicht alles Notwendige unternommen wird, kann der Erfolg nicht eintreten.

Daher ist es wichtig, alle drei Kräfte in Einklang zu bringen, das ist der absolut sichere Weg zum Erfolg. Erst müssen wir Klarheit in unserem Bewußtsein schaffen, um dann die materielle Umsetzung anzutreiben.

Das Selbstwertgefühl

Es gehört zu unserer Person. Fühlen wir uns nicht wert, die Dinge zu erhalten, werden wir sie auch nicht bekommen. Wenn alles stimmt, die Planung, das Vorgehen, das Programmieren, aber Sie sich eigentlich gar nicht wert fühlen zu empfangen, dann ist dies ein sicherer Weg zum Mißerfolg.

Sollte dies der Fall sein, müssen Sie zuerst Ihr Selbstwertgefühl aufbauen, damit Sie sich wert fühlen, zum Ziel zu kommen und die Früchte zu ernten. Wenn Sie ehrlichen Herzens an die Arbeit gehen und anderen Menschen nur Nutzen bringen, gibt es keinen Grund, warum Sie Ihr Ziel nicht erreichen sollten. Sie sind es wert, gesund zu sein. Sie sind es wert, erfolgreich zu sein. Sie sind es wert, reich zu sein. Es spricht nichts dagegen.

Wenn Sie Ihre Fähigkeiten optimal einsetzen, geben Sie alles, was in Ihnen ist, und der Lohn fällt Ihnen automatisch in den Schoß. Sie müssen sich nur wert fühlen, eine Gegenleistung zu erhalten. Das Schicksal wertet Ihr inneres Gefühl, nicht die Tat alleine.

Spezifische Zielsetzungen

Den richtigen Beruf finden

95 Prozent der Bundesbürger sind mit ihrem Beruf nicht zufrieden. Nur 5 Prozent haben den Beruf, den sie sich wünschen. Warum ist das so? Heute gibt es wenige Härtefälle, die so liegen, daß eine Änderung nicht möglich ist. Jeder kann wählen, welchen Beruf er ausüben möchte. Es ist aber auch wichtig zu wissen, daß ich dafür meinen Einsatz bringen muß, und das muß ich vorher klären. Bin ich bereit, den Aufwand in Kauf zu nehmen? Leider sind viele Jugendliche heute so festgefahren und haben Ansprüche, die unrealistisch sind, daß ihnen nur noch der Weg des Jammerns bleibt. Sie wollen nichts ändern. »Null Bock auf nichts.« Wer diese Einstellung hat, darf weder die Gesellschaft noch den Staat, noch sein »unglückliches Schicksal« dafür verantwortlich machen. Wer sagt, ich will diesen Lohn haben, und nicht darauf achtet, ob er den Lohn wert ist, denkt egoistisch und ist nicht in Einklang mit der Schöpfung. Nichts wird uns geschenkt, für alles müssen wir eine Gegenleistung bringen.

Ältere Menschen werden immer mehr gefragt sein, weil sie Erfahrung haben. Wenn Sie bereits das Rentenalter erreicht haben, so gehören Sie noch lange nicht zum »alten Eisen«. Sie haben Erfahrungen, die andere erst machen müssen. Sie haben Probleme gelöst und Fehler gemacht, die Sie nicht zu wiederholen brauchen. Es ist sowieso ein Unding, daß heutzutage ältere Menschen unfreiwillig in den Ruhestand geschickt werden. Die Menschen, die das geistige Know-how haben, werden pensioniert. Ich kenne Firmen, die gerne ältere Menschen einstellen, weil diese voller Energie an die Arbeit gehen und wissen, worum es geht. Für viele war ihr Beruf wirklich Berufung. Wie denken Sie über Ihre Berufswahl? Sind Sie gerne in Ihrem Job?

Analysieren Sie zuerst Ihre beruflichen Stärken. Diese müssen Sie immer im Vergleich zu Ihren Mitbewerbern messen. Sie müssen nicht der Beste sein, jedoch brauchen Sie einen geringen Vorsprung. Allerdings muß dieser Vorsprung erkennbar sein, und Sie müssen ihn sich bewußt machen. Werden Sie sich zuerst einmal darüber klar, über welche besonderen Fähigkeiten Sie in Ihrem Beruf verfügen. Blättern Sie zur Ist-Analyse

Berufliche Fähigkeiten	AUSPRÄGUNG schwach	mittel	stark

zurück, und ziehen Sie dort Ihre beruflichen Fähigkeiten heraus.

Beurteilen Sie selbst die Stärke Ihrer Eigenschaften. Die Bewertung erfolgt immer im Vergleich mit den Mitbewerbern, Konkurrenten oder Anbietern. Wenn Sie einen Beruf haben oder erreichen möchten, wo es nur wenige Mitbewerber gibt, brauchen Sie keinen großen Vorsprung. Arbeiten Sie in einer Branche, wo das Angebot groß ist, müssen Sie Ihre Stärken im Vergleich herausarbeiten. Auch in diesem Fall muß Ihr Vorsprung nicht groß sein, nur müssen Sie Ihre Stärken klar herausstellen und betonen.

Welchen Beruf würden Sie gerne ausführen?

Wunschberufe	Motiv

Listen Sie mehrere Möglichkeiten auf. Überprüfen Sie nun, welche Ihrer Fähigkeiten zu Ihrem Wunschberuf passen. Wenn es Ihr innigster Wunsch ist, einen neuen Beruf auszuüben, müssen Sie auch Neigungen und Fähigkeiten dazu in sich haben. Ansonsten ist es nur eine unrealistische Träumerei. Denken Sie daran, daß Sie nicht zufällig so sind und diesen Werdegang durchlebt haben. Die Schöpfung hat für Sie einen optimalen Platz vorgesehen. Wenn Ihr Wunschberuf Ihnen zusteht, haben Sie schon einiges, was Sie dazu benötigen, in sich. Nun stellt sich die Frage, was Sie noch dazu benötigen? Was müssen Sie sich noch aneignen oder an Informationen beschaffen?

Was brauchen Sie noch, um Ihren Wunschberuf auszuüben?

Eigenschaften, die ich mir aneignen muß	Woher?

Wenn Sie alles aufgelistet haben, können Sie darangehen und fragen:

– Wie kann ich mir diese Eigenschaften erwerben?
– Wo bekomme ich die richtigen Kenntnisse her?
– Und letztlich: will ich das wirklich?

Wenn Sie das alles mit Ja beantworten, gehen Sie daran, eine Suggestionsformel auszuarbeiten, damit Sie Ihr Unterbewußtsein aktivieren. Es soll Ihnen helfen, Ihr Ziel zu erreichen. Schrauben Sie sich zum Erfolg empor. Jeder Schritt darf nur so groß sein, daß Sie ihn sich geistig vorstellen können, muß jedoch groß genug sein, daß Sie optimal motiviert sind, das Ziel zu erreichen. Springen Sie nicht, sondern bewegen Sie sich auf sicherem Boden.

1. Analyse der Fähigkeiten
2. Festlegung der Neigungen
3. Eigenschaften festlegen, die benötigt werden
4. Zeitplan erstellen
5. Geistig eine Suggestion erarbeiten
6. Alle Schritte tun, die zur Zeit möglich sind
7. An sich glauben (Selbstwert fühlen)
8. Den richtigen Beruf bzw. Platz »anziehen«

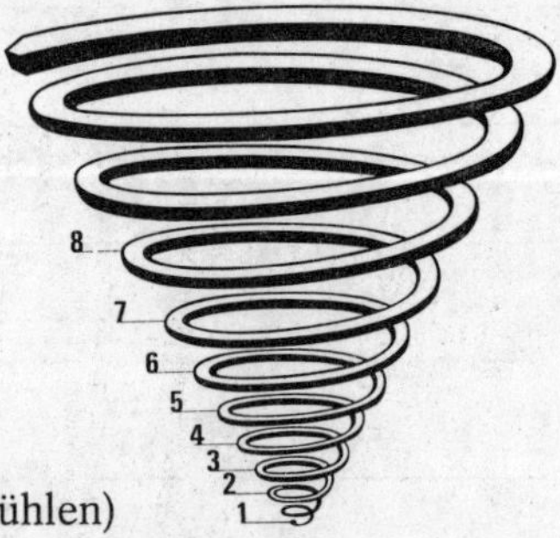

Eine Suggestionsformel könnte so aussehen:
Ich freue mich auf meinen (neuen) Beruf und gebe stets mein Bestes. Ich arbeite täglich konsequent und baue meine Fähigkeiten aus. Ich bin dankbar für die gute Stellung, die auf mich wartet. Mit Freude gebe ich mein Bestes. Ich erfülle meine Bestimmung in meinem (neuen) Beruf.

Wenn Sie sich diese Formel drei-, viermal täglich in Gedanken oder laut vorsagen, prägt sie sich im Unterbewußtsein und im geistigen Horizont ein. Sie programmieren damit eine für Sie richtige Stelle.

In Ihrem Geiste müssen Sie sich schon am Ziel sehen. Sie müssen sich so fühlen, als hätten Sie die Stelle schon. Diese Vorstellung ist für das Unterbewußtsein eine Motivation, damit alle unterschwelligen Kräfte aktiviert werden.

Es gibt die Stelle, die Sie mit Ihren speziellen Fähigkeiten braucht. Sie müssen sich dazu nur wert fühlen und daran glauben. Wenn Sie nun alles Nötige in Ihrem Bereich aktivieren, Stellenanzeigen verfolgen, mit Menschen darüber sprechen und mit offenen Augen durch die Welt gehen, wird das Erwartete zutreffen. Sie haben alle drei Kräfte eingesetzt.

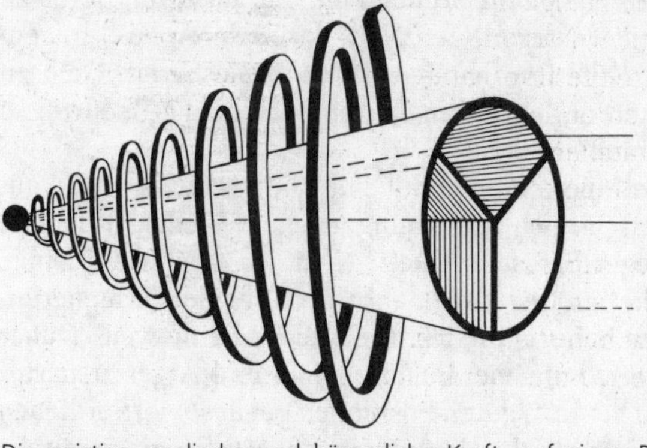

Die geistige, seelische und körperliche Kraft, auf einen Punkt gerichtet, erzeugt einen kybernetischen Sog.

Körper:
- Sie lesen Stellenanzeigen
- Sie sprechen mit Menschen
- Sie tun alles derzeit Mögliche
- Sie eignen sich notwendige Fähigkeiten an

Geist:

- Sie sind geistig offen
- Sie schaffen Ihr Vorstellungsbild
- Sie sehen sich in Ihrem neuen Beruf

Seele:

- Sie glauben daran
- Sie suggerieren Ihrem Unterbewußtsein, daß das Ziel erreicht ist
- Sie freuen sich, voller Hingabe Ihren Wunschberuf ausüben zu können

Selbständig sein

Sind Sie bereit, in den ersten Jahren auf Urlaub zu verzichten? Sind Sie bereit, 10 bis 12 Stunden am Tag für Ihren Beruf zu arbeiten? Sind Sie bereit, den Neid der anderen zu ertragen, obwohl kein Grund vorhanden ist? Sind Sie bereit, Geld zu investieren und in den ersten Jahren persönliche Bedürfnisse zurückzuschrauben?

Wenn Sie all diese Fragen mit Ja beantworten, sind Sie gut beraten, wenn Sie sich selbständig machen. Vielleicht denken Sie, ich sei gegen Selbständigkeit? Nein, ich möchte auf Dinge hinweisen, die ich erst viele Jahre nach meiner Firmengründung erfahren habe. Hätte ich das, was ich heute weiß, früher gewußt, hätte ich mir viel Energie, Geld und Ärger erspart.

Sie können heute in guten Positionen genausoviel verdienen wie ein mittelständischer Unternehmer. Mit Spezialkenntnissen können Sie Positionen erreichen, für die Sie mit Handkuß genommen und sehr gut bezahlt werden.

Noch ein paar Nachteile der Selbständigkeit, bevor wir zu den Vorteilen kommen. Sie glauben, Sie seien selbständig? Sie glauben, Sie müssen niemandem Rechenschaft ablegen? Irrtum! Die Bank will genau wissen, was bei Ihnen los ist, warum Sie diese Entscheidung so und nicht anders treffen. Die Geldgeber wollen genau wissen, was Sie mit ihrem Geld machen. Sie verlangen regelmäßig Auskunft. Das Finanzamt fordert Rechenschaft von Ihnen und sieht Ihnen genau auf die Finger. Die Mitarbeiter wollen eine sichere Stelle haben, Sie haben eine moralische Verantwortung und können nicht einfach willkürlich handeln. Die Kunden wollen, daß Sie immer für sie da sind, sie erwarten Loyalität. Alle wollen von Ihnen etwas, und Sie sind allen Rechenschaft schuldig, wenn Sie es ehrlich meinen.

Selbständigkeit ist ein Freiraum für Kreativität. Sie können alle Ideen verwirklichen und damit auch sehr gut verdienen. Sie haben keine sture Routinearbeit, müssen andererseits auf Unvorbereitetes gefaßt sein. Sie können Menschen führen und anspornen. Sie haben freie Einteilung und können bei guter Zeitplanung viele private Dinge erledigen. Wenn Sie mit ganzem Herzen Unternehmer sind, dann arbeiten Sie gerne und achten auch nicht auf die Uhr. Gute Arbeit wird vom Kunden in vielen Formen honoriert, Sie erhalten unmittelbares Feedback. Sie können sich daran erfreuen, Neues zu schaffen. Sie dürfen Fehler selbst machen und daraus lernen. Sie können mit einer guten Strategie viel erreichen.

Ob Selbständigkeit oder nicht, ist eine Frage Ihrer Einstellung und Ihrer Struktur. Wenn Sie Sicherheit brauchen oder das Risiko scheuen, sollten Sie sich entweder anstellen lassen oder sich an einem bereits florierenden Unternehmen beteiligen.

> »Jeder ist berufen, etwas zu tun oder zu sein, wofür kein anderer berufen ist.« *John Henry Newman*

Wichtig ist nur, daß das, was Sie tun, mit ganzem Herzen getan wird, dann haben Sie sicher Erfolg. Gleichgültig, ob Sie angestellt oder selbständig sind. Mit dem richtigen Plan und Ihren inneren Fähigkeiten können Sie »Unmögliches« möglich machen. Ihr Unterbewußtsein wartet nur darauf, daß Sie klare Anweisungen geben.

Werden Sie sich aufgrund der besonderen Fähigkeiten klar, was Sie beruflich genau machen möchten. Bewegen Sie sich immer in einem Bereich, der Ihnen bekannt ist oder in dem Sie sich wohl fühlen. Wenn Sie permanent ein ungutes Gefühl haben, sollten Sie darauf hören und um so gründlicher vorgehen.

In Ihrem Verstand kann vieles vorherrschen, daß Sie viel Geld verdienen wollen oder daß Sie berühmt werden möchten, aber in Ihrem Herzen sollte nur ein Motiv Platz haben: den Menschen mit Ihren Möglichkeiten zu helfen, erfolgreicher zu werden, leichter zu leben oder einen anderen klaren Nutzen zu bieten. Sie brauchen deshalb kein Samariter zu sein, im Gegenteil; Sie können all Ihre Vorstellungen verwirklichen, nur unter der Bedingung, daß Sie vernetzt denken. In Ihrer Arbeit muß es lauter Gewinner geben: Sie, den Kunden, den Lieferanten und Ihre Mitarbeiter. Handeln Sie immer nach dem Grundsatz: Was würde passieren, wenn alle so handeln würden wie ich.

Aus purem Egoismus müßten Sie schon daran interessiert sein, all Ihren Kunden einen klaren Vorteil zu bieten. Denn das geistige Gesetz der Harmonie sorgt immer für Ausgleich. Keine Tat, kein Motiv kommt leer zurück, es wird in allem der Ausgleich angestrebt. Sind Sie ehrlich, werden Sie dasselbe erleben, betrügen Sie, müssen auch Sie betrogen werden. Ich konnte dieses geistige Gesetz in den letzten Jahren häufig beobachten und feststellen, daß es immer zutrifft.

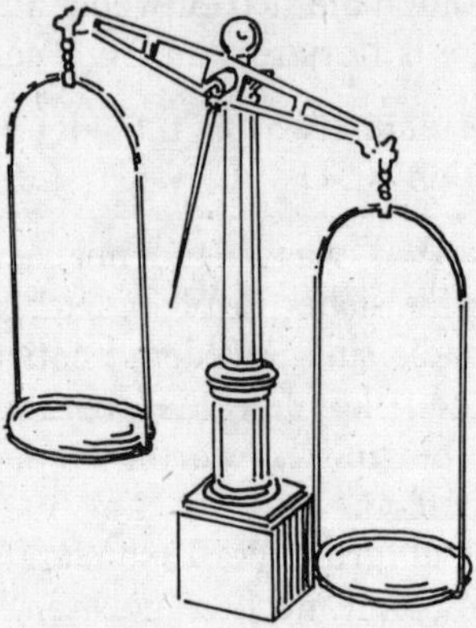

Mancher, der sich für schlau hielt, weil er jemandem etwas »verkauft« hatte, hat die Quittung vom Schicksal in anderer Form erhalten. Meistens so verpackt, daß sich der Betroffene keinen Zusammenhang erklären konnte.

Wohlgemerkt, Sie sollen verkaufen, sogar mehr als vorher, aber mit ehrlichen Argumenten und unter dem Aspekt der Wahrheit und Klarheit. Wenn Sie Ihrem Kunden Service zusagen und dies nicht halten, schaden Sie sich selbst. Wenn Sie ihm Betreuung anbieten, aber nach dem Abschluß nichts mehr von sich hören lassen, sind auch Sie der Verlierer. Sie erzeugen ein Negativ-Magnetfeld. Diese Energie akkumuliert sich, und Sie werden die Wirkung davon erleben.

Beschreiben Sie als erstes, was Sie besonders gut können. Welche Probleme können Sie dem Kunden lösen? Formulieren Sie diese mit eigenen Worten.

Was möchten Sie tun, wo sehen Sie die größte Erfüllung?

Gehen Sie gerne mit Menschen um? Verkaufen Sie gerne? Erfinden Sie gerne? – Überlegen Sie, was Sie gerne tun möchten. Wie alle Menschen haben Sie ein Ideal in sich.

Was benötigen Sie dazu? Ist es mehr Wissen? Sind es andere Eigenschaften, eine Fremdsprache, spezielles Fachwissen oder einfach Mut? Vielleicht benötigen Sie auch nur mehr Selbstvertrauen. Letzteres können Sie sehr gut mit Suggestionen und realistischem Denken erreichen, indem Sie erkennen, daß jeder Mensch – auch Sie – einmalige Fähigkeiten besitzt, die Sie nur richtig einzusetzen brauchen, damit der Erfolg folgt. Andere fachspezifische Fähigkeiten müssen Sie sich aneignen, dazu gibt es heute genügend Möglichkeiten.

Ich benötige:	Woher?

Überlegen Sie, welcher Zielgruppe Sie besonders zugeneigt sind. Wo fühlen Sie sich hingezogen? Welche Sprache verstehen Sie? Konzentrieren Sie sich auf die Menschen, die Ihre Leistung am ehesten benötigen.

Wer ist Ihre Zielgruppe? Welchen Menschen wollen Sie etwas verkaufen oder wen wollen Sie erreichen? Werden Sie sich vorher klar, welcher Zielgruppe Sie etwas zu bieten haben. Erst wenn Ihre Fähigkeiten und Neigungen in Ihrer Zielgruppe ein Problem lösen, haben Sie die Chance auf große Erfolge. Bieten Sie Ihre Leistung konzentriert den Menschen an, die Ihre Leistung brauchen und daher auch honorieren.

Auflistung der Zielgruppen, die in Frage kommen:

Zielgruppen	Wie gut erfüllen Sie deren Bedürfnisse		
	mäßig	gut	sehr gut

Werten Sie auch hier wieder, damit Sie eine A-B-C-Analyse vornehmen und die Zielgruppe als erstes angehen können, bei der Sie die größten Chancen haben. Alle anderen Gruppen bearbeiten Sie erst nach gründlicher Auswertung dieses ersten Versuches. Besser eine Gruppe optimal bedienen, als mehrere nur mittelmäßig.

Wann wollen Sie beginnen?

Mein Zeitpunkt:

Wenn Sie genau wissen, was Sie wollen und wann Sie beginnen möchten, können Sie ins Detail gehen und die nötigen Informationen oder Hilfsmittel heranschaffen. Gehen Sie von nun an achtsam durchs Leben und seien Sie nicht überrascht, woher manchmal eine wichtige Information kommt. Das Schicksal bedient sich vieler Wege. Tun Sie aber auch alles, was Sie können. Besorgen Sie sich detaillierte Informationen, um sich beruflich neu zu orientieren.

Hier erhalten Sie Informationen; ich nenne eine willkürliche Auswahl:
- Die Geschäftsidee, Verlag Norman Rentrop, Bonn
- Zuständige IHK-Stellen
- Banken oder Sparkassen
- Verbände der jeweiligen Berufe
- Fachzeitschriften
- Persönliche Gespräche mit Fachleuten
- Bücher Ihrer Fachthematik
- Staatliche Archive
- Kleinanzeigen in Zeitschriften

Sie sehen, es gibt Informationsquellen genug. Sie müssen sich nur darum kümmern. Eine wunderbare Methode, um Informationen anzuziehen, ist übrigens die einfache Frage-Technik. Sie können sich weiterfragen, bis Sie das haben, was Sie benötigen. Jeder Ihrer Bekannten oder Kontaktpersonen besitzt wiederum unzählige Bekannte, die vielleicht diese Informationslücke schließen, die Sie haben.

Verwenden Sie die Checkliste, die Sie im Anhang finden, und notieren Sie alle nötigen Informationen, wann Sie was von wem holen oder bekommen.

Ihr Unterbewußtsein können Sie zur Mitarbeit anregen, indem Sie ihm schon den Endzustand mitteilen. Es kann nicht unterscheiden zwischen Schein und Wirklichkeit. Je besser Sie sich das Ziel vorstellen können, desto schneller erreichen Sie es.

Programmieren Sie es mit einer Suggestion, die wie folgt aussehen kann:

Ich bin erfolgreich und steigere mein Einkommen monatlich. Ich lerne die richtigen Menschen kennen, die mir Kunden bringen. Ich genieße meine Selbständigkeit und biete meinen Kunden großen Nutzen. Mein Erfolg wächst täglich. Voller Dankbarkeit gebe ich mein Bestes.

Verankern Sie in Ihrem geistigen Horizont das Ziel. Je klarer Sie sich alles vorstellen können, desto klarer ist die Anweisung an das Unterbewußtsein.

1. Klären, wo Sie besondere Fähigkeiten haben
2. Festlegen, was Sie gerne möchten
3. Klären, was Sie dazu benötigen
4. Analyse der Zielgruppe
5. Zeitpunkt festlegen
6. Informations-Checkliste anlegen
7. Suggestionen erarbeiten
8. Geistig am Ziel sein

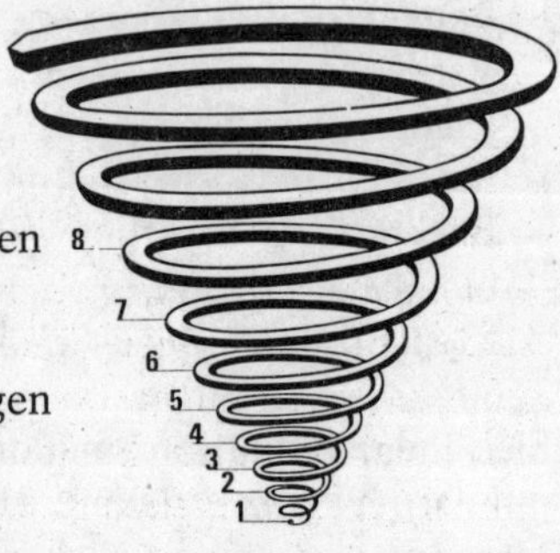

Geist:

- Zielgruppe geistig erfassen
- Ihre Bedürfnisse erkennen
- An den anderen denken

Seele:

- Sich in die Zielgruppe hineinversetzen
- Suggestiv das Ziel programmieren
- Freudig an die Arbeit gehen

Körper:

- Klare Vorteile bieten
- Probleme besser als andere lösen
- Mit Checkliste das Nötige festlegen und sofort umsetzen

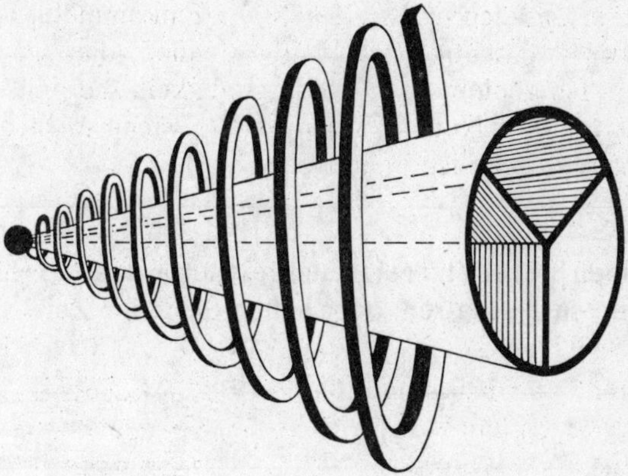

Wenn Sie sich fragen, wo bin ich besser als andere, was habe ich zu bieten, und sich wert fühlen, Erfolg zu haben, können Sie mit einer positiven Suggestion die dritte Kraft in sich motivieren, die Ihnen in allen Bereichen zur Seite steht. Bei diesem schrittweisen Vorgehen ist der Erfolg natürlich, im Einklang mit den geistigen Gesetzen.

Gesundheit erlangen

Auch bei diesem Aspekt ist es wichtig, ganz klar vorzugehen. Alleine die Absicht, gesund zu werden, hilft noch nicht. Sie müssen auch hier alles Notwendige dafür tun. Analysieren Sie zuerst, was Ihnen genau fehlt. Sind es Beschwerden oder schon chronische Leiden?

Mir fehlt:

____

____

____

____

____

____

Was haben Sie bis jetzt getan, um gesund zu werden? Haben Sie sich untersuchen lassen, oder hatten Sie keine Zeit?

____

____

____

____

____

____

Haben Sie alle Ratschläge des Arztes befolgt?

Wenn Sie trotzdem noch nicht die Gesundheit erreicht haben, die Sie sich wünschen, sollten Sie sich zwei grundsätzliche Fragen stellen:

– Glauben Sie, daß ein Arzt Sie heilen kann?
– Warum hat die Natur den Schmerz eingeführt?

Die Antwort im ersten Fall ist ganz klar: »Kein Mensch kann Sie heilen. Man kann nur die Heilkräfte in Ihnen anregen. Der Arzt verbindet die Wunde und Gott heilt sie«, heißt eine alte Weisheit. Ich bin der Meinung, daß wir heute der Medizin, den Ärzten und Heilpraktikern zuviel zumuten. Wir erwarten, daß sie uns gesund machen, manchmal verlangen wir es sogar. Wir glauben, mit einem Krankenschein können wir uns Gesundheit erkaufen.

Hier genau liegt der Irrweg. Haben Sie sich noch nie gefragt, warum genau Sie diese Krankheit haben? Glauben Sie nicht, daß ein Grund dahintersteckt? Jeder, der schwer krank ist, fragt sich, warum gerade ich?

Wenn Sie die Frage nach dem Grund klären möchten, werden Sie einiges erfahren, was Ihnen nicht gefallen wird. Wir selbst machen uns krank, und nur wir selbst können uns auch wieder gesund machen. Sicherlich werden Sie sagen, ich bin doch nicht so dumm und mache mich krank! Bewußt nicht, aber durch Nachlässigkeit bei der Ernährung und mit unseren eigenen negativen Gedanken tun wir dies doch. Wir wollen gesund sein und tun doch alles dagegen. Achten Sie einmal auf Ihre Eßgewohnheiten. Essen Sie bewußt? Ist die Nahrung auch nahrhaft, oder schmeckt sie nur gut? Gönnen Sie dem Körper die Ruhe, die er braucht? Entspannen Sie sich genügend? Und wie ist es mit Ihren Gedanken? Üben Sie Gedankendisziplin, oder nehmen Sie alles auf, was in Sie einströmt?

Wir müssen nicht nur die physische Nahrung verdauen, sondern auch die geistige, die wir aufnehmen. Zuviel Probleme schlagen auf den Magen und später aufs Gemüt.

Warum hat die Natur den Schmerz eingerichtet?

Wir glauben, daß der Schmerz etwas Lästiges ist, das wir abstellen müssen, damit wir gesund sind. Der Schmerz ist eine Warnung des Körpers, der uns auf einen Mangel hinweist. Er sagt uns, hier ist etwas nicht in Ordnung, kümmere dich darum.

Wer nur den Schmerz beseitigen will, ohne die Ursache der Krankheit zu erkennen, ruiniert seine Gesundheit. Gerade der Schmerz sagt uns, daß etwas nicht in Ordnung ist. Ihn zu unterdrücken, erzeugt genau das Gegenteil. Es ist keine Plage der Natur, sondern ein Segen, Schmerz empfinden zu können. Dadurch können Sie den Schmerz lokalisieren und die Ursache beseitigen. Es gibt heute über 100 000 verschiedene Medikamente in der Bundesrepublik. Die Pharmaindustrie ist weiter im Aufwind, und die Ärzte haben immer mehr Arbeit. Wie kommt dies, bei all den Siegen in der Medizin? Die Lösung ist einfach. Wir haben verlernt, selbst die Verantwortung zu übernehmen, und denken nicht mehr selbständig. Wir wollen von außen eine Lösung haben und möglichst selbst nichts dazu beitragen. Die Faulheit im Denken und Handeln ist weit fortgeschritten. Manche sind gerne krank, weil man dann »beachtet« oder »bedauert« wird. Man hat immer etwas zu erzählen.

Auffallend ist, daß sich viele geradezu krank denken und sich von innen heraus vergiften. Der Körper erwartet eine Heilung und keine Unterdrückung. Sie haben alles in sich, um sich selbst gesund zu machen. Ich meine damit nicht, daß Sie nicht mehr zum Arzt gehen sollten, ganz im Gegenteil. Sie sollten sich regelmäßig einer Generaluntersuchung unterziehen, wie bei Ihrem Auto, das zum TÜV gebracht wird. Nicht erst dann zum Arzt gehen, wenn Sie Beschwerden haben. Das Auto lassen Sie ja auch gründlich untersuchen, weil Sie wissen, welche Arbeit es leisten muß. Der Körper muß noch viel schwerere Arbeit vollbringen, und auch er braucht Pflege. Allerdings empfehle ich aus eigener Erfahrung, bei einem schweren Leiden mehrere Ärzte aufzusuchen und sich auch von einem fähigen Heilpraktiker untersuchen zu lassen, bevor Sie sich einer Operation oder medikamentösen Behandlungen über längere Zeit unterziehen.

Vertrauen Sie nicht einfach einer Aussage. Ich habe in meinem Bekanntenkreis viele Ärzte, die dabei sind, ihren geistigen Horizont zu erweitern, und den Menschen nicht mehr nur als Objekt sehen. Was ich heute verurteile, ist, daß die Ärzte immer noch ihre Statussymbole bewahren möchten und nicht in erster Linie an den Menschen denken. Ich sage dies deshalb, weil ich so manchen Arzt kenne, der von Heilpraktikern »gar nichts« hält. Er glaubt nur an die Wissenschaft, nur die bringt für ihn Tatsachen. Sie als Mensch sind aber kein wissenschaftliches Organ, sondern ein Mensch mit Geist, Seele und Körper. Erst wenn die Ganzheit des Menschen erkannt wird, besteht Aussicht auf wirkliche Heilung. Daher finde ich es anmaßend, nur an den eigenen Berufsstatus zu denken, anstatt an den Menschen in seiner Gesamtheit. Es ist aber nie eine Seite allein schuldig, auch Sie als Patient müssen sich dazu bekennen und nicht nur Hilfe von anderen erwarten. Sie müssen sich annehmen und nach einer Lösung für Ihr Problem suchen. Sie müssen sich fragen, was verbirgt sich hinter der Krankheit?

Was kann ich tun, um gesund zu werden? Was will mir das Schicksal damit sagen?

Jede Krankheit hat einen geistigen Ursprung. Überprüfen Sie daher, was in Ihrem geistigen Horizont gespeichert ist. Wenn Sie Krankheit fürchten, ziehen Sie diese an. Sie sollten lernen, die Signale des Körpers zu beachten, und rechtzeitig das Richtige tun. Der Körper sendet Ihnen mehrere Alarmzeichen:

Stufe 1: Den entzündlichen Prozeß
Stufe 2: Den chronischen Prozeß
Stufe 3: Krebs, als letzte Warnung

Wir haben immer die Chance, wieder gesund zu werden; auch im letzten Stadium des Krebses. Jedes Organ in uns hat eine entsprechende geistige Funktion, welche uns genau die Fehlhaltung auf dieser Ebene aufzeigt.

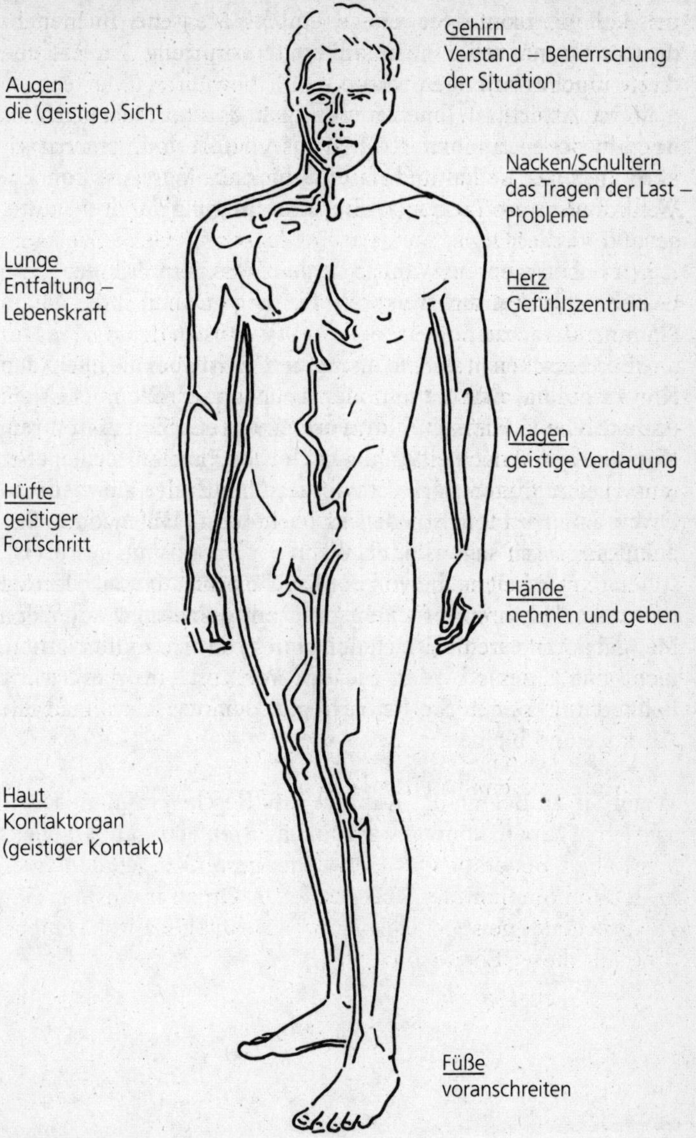
Gehirn
Verstand – Beherrschung der Situation
Augen
die (geistige) Sicht
Nacken/Schultern
das Tragen der Last – Probleme
Lunge
Entfaltung – Lebenskraft
Herz
Gefühlszentrum
Magen
geistige Verdauung
Hüfte
geistiger Fortschritt
Hände
nehmen und geben
Haut
Kontaktorgan (geistiger Kontakt)
Füße
voranschreiten

Im Anhang finden Sie einige empfehlenswerte Bücher zu diesem Thema, weil eine detaillierte Ausführung den Rahmen dieses Buches sprengen würde.

Meine Absicht ist, Ihnen aufzuzeigen, daß wir nicht machtlos irgendwelchen dubiosen Kräften ausgeliefert sind, sondern wir aktiv in unser Leben und unser Schicksal eingreifen können. Wir können nach Plan, unter Berücksichtigung der drei Kräfte, gesund werden.

Wir haben die freie Wahl zu denken, was wir möchten. Diese Gabe sichert unser freier Wille, wir müssen nur davon Gebrauch machen.

Allerdings reicht es nicht, nur mit richtigem Denken den Körper gesund zu erhalten oder machen zu wollen. Es ist ein Aspekt. Die Gedanken informieren zwar alle Zellen in Ihrem Körper über die Konstitution »im Geiste«. Sind die Zellen aber schon geschädigt, bedarf es zuviel geistiger Kräfte, sie wieder in Ordnung zu bringen, so daß es leichter ist, Hilfe von außen zuzuführen. Ich meine damit: Wenn der Organismus gestört ist, sollen die Ursachen, die von der Psyche her kommen, beseitigt und zusätzlich dem Körper entsprechend geholfen werden, den Mangel aufzuheben. Also Heilung mit natürlichen Hilfsmitteln, nicht mit Chemie. Wenn Sie das Werkzeug Körper richtig behandeln, können Sie bei richtiger Denkweise bis ins hohe Alter gesund bleiben.

Wenn Sie zu Beginn des Kapitels Ihre Beschwerden niedergeschrieben haben, können wir zum nächsten Schritt übergehen.

Was tun Sie für Ihre Gesundheit? Üben Sie Gedankendisziplin? Betreiben Sie Sport? Essen Sie richtig? Schlafen Sie genug?

Für meine Gesundheit mache ich täglich:

Suchen Sie sich einen Arzt oder Heilpraktiker, der Sie als Mensch sieht und nicht als Besitzer beschädigter Einzelteile, die repariert werden müssen. Zahlen Sie lieber selbst, wenn die Kasse sich weigert, denn Ihre Gesundheit ist lebenswichtig.

Manchmal ist ein Heilfasten unter fachgerechter Aufsicht das beste Mittel zur Gesundung, weil wir uns aufgrund falscher Ernährung innerlich vollkommen verschlackt haben.

Beim Auto oder einem Industrieprodukt, das man ja ersetzen kann, sind ein Ölwechsel, eine Überholung des Motors sowie eine regelmäßige Fahrt zum TÜV ganz selbstverständlich. Nur bei unserem Körper sind wir nachlässig, weil das Disziplin erfordert.

Planen Sie Ihre Gesundheit. Schreiben Sie in folgende Checkliste, was Sie in Zukunft für Ihre Gesundheit tun werden.

Ab sofort werde ich:	In Zukunft werde ich:
______________________	______________________
______________________	______________________
______________________	______________________
______________________	______________________
______________________	______________________
______________________	______________________
______________________	______________________
______________________	______________________
______________________	______________________
______________________	______________________
______________________	______________________
______________________	______________________

Wenn Sie gründlich überlegt haben, können Sie sich eine Suggestionsformel für Ihre Gesundheit erarbeiten.

Suggestionsformel:
Ich bin vollkommen gesund, ernähre mich richtig und beachte die Signale meines Körpers. Ich freue mich auf jeden neuen Tag in Harmonie und Ausgeglichenheit. Voller Freude genieße ich jeden Tag in einem gesunden und vitalen Körper. Ich bin dankbar, denn es geht mir von Tag zu Tag besser.

In Ihrem geistigen Horizont darf nur Gesundheit Platz finden. Stellen Sie sich Ihren Körper ganz gesund und vital vor. Das Unterbewußtsein wird dann versuchen, dieser Vorstellung gerecht zu werden, wobei die Erfüllung von der Kraft Ihres Glaubens an diese Vorstellung abhängt.

1. Feststellen, was fehlt
2. Ursache klären, geistig oder körperlich
3. Ursache beseitigen
4. Therapeut aufsuchen
5. Gesundheitsplan erstellen
6. Danach handeln
7. Suggestion erarbeiten
8. Vorstellung mit Gesundheit erfüllen
9. Dankbar sein

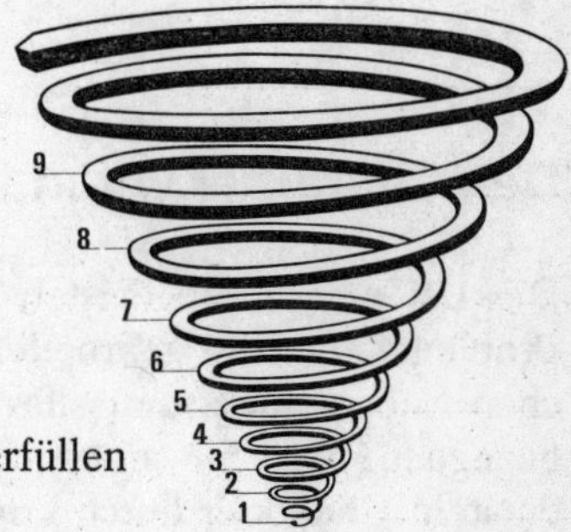

Geist:
– Sie stellen sich Gesundheit vor
– Sie denken positiv und aufbauend
– Sie informieren sich über natürliche Gesundheit

Seele:
– Sie glauben an Ihre Gesundheit
– Sie suggerieren Gesundheit
– Sie fühlen Gesundheit

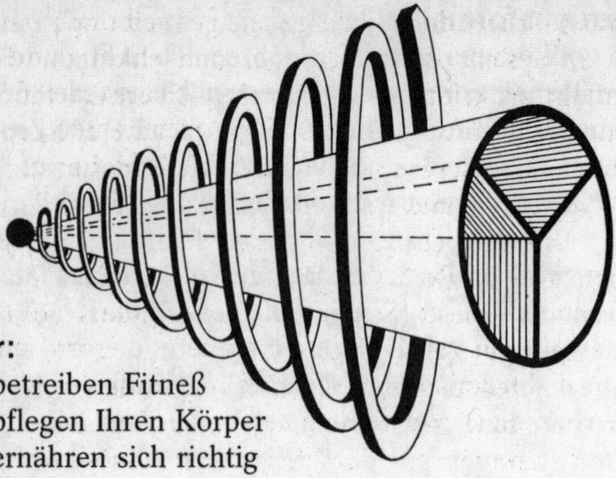

Körper:
– Sie betreiben Fitneß
– Sie pflegen Ihren Körper
– Sie ernähren sich richtig

Den Charakter verändern

Dies ist eines der edelsten Ziele, denn damit machen Sie Probleme überflüssig, arbeiten an Ihrer geistigen und körperlichen Entwicklung, und alles andere wird Ihnen von alleine begegnen. Wie Sie am Anfang des Buches gelesen haben, entsteht Charakter durch Prägung. Diese Prägung führen wir im Wachbewußtsein permanent durch, jede Sekunde. Alle Gedanken, alle Gefühle, alle Vorstellungen und alle Handlungen prägen uns. Unser Verhalten prägt unseren Charakter, genauso wie Wut und Haß. Unser Charakter prägt dementsprechend unseren Körper, besonders das Gesicht.

Ein amerikanischer Industrieller sagte: Über 40 ist jeder für sein Gesicht selbst verantwortlich.

Das Gesicht ist unsere »Visitenkarte«, die wir offen herumzeigen. Es bedarf keiner besonderen Menschenkenntnis, um aus Gesichtern das momentane Empfinden abzulesen.

Ist die Stirn gerunzelt, sieht man, daß nachgedacht wird. Werden die Augen zusammengekniffen, merkt man, daß sich jemand anspannt, um zu handeln. Hängen die Mundwinkel nach unten, drückt dies Niedergeschlagenheit und Pessimismus aus. Ist ein Gesicht offen, zeigt es Freundlichkeit und Fröhlichkeit. Allein an winzigen Merkmalen erkennen Sie, welche Stimmung in Ihrem Gegenüber vorherrscht. Der Körper kann nicht lügen; dies ist eine alte Weisheit. Es ist daher wichtig, die eigene Einstellung und somit den Charakter zu ändern, damit sich der Körper richtig ausdrücken kann. Es ist leicht zu erkennen, welche Rolle ein Mensch spielt, wenn Sie bewußt darauf achten. Dieses Schauspiel ist besonders bei der Verkaufstätigkeit gut zu beobachten.

Der Verkäufer spielt dem Kunden eine Rolle vor, er will ihm sein Produkt bzw. seine Meinung verkaufen. Diese Psycho-Spielchen stammen aus der Verkäuferschulung von gestern. Heutzutage sind mehr Offenheit, Ehrlichkeit und Menschlichkeit gefragt. Der Verkäufer kann sich mit all seinen Schwächen und Stärken zeigen, wenn er nur dabei dem Kunden den Vorteil des Produktes verkauft, nicht seine Meinung. Menschen sind dann am erfolgreichsten, wenn sie ganz sie selbst sind. Ihre innere Einstellung stimmt mit ihrem äußeren Verhalten überein. Sie spielen keine fremde Rolle, sondern zeigen sich so, wie sie sind. Sie kennen ihre Stärken und ihre Schwächen. Ein

erfolgreicher Mensch hat keine Scheu, eine Schwäche zuzugeben. Er hat es nicht nötig, hinter einer Fassade zu stehen. Er steht zu seinen Fehlern.

Das ist die richtige Einstellung, hier erst kann ehrliche Arbeit an sich selbst beginnen. Jeder Mensch hat Fehler und Schwächen, diese mit seinen Stärken auszugleichen, ist seine Lebensaufgabe. Das Schicksal verlangt nicht von ihm, daß er sich dauernd um das kümmert, was er nicht kann, sondern daß er das tut, was er kann. Dadurch werden seine Fähigkeiten ausgebaut, und er erfüllt seine Bestimmung. Ehrliche Arbeit an sich selbst wird vom Schicksal mehr honoriert als eine aufgesetzte, nicht passende »gute« Rolle. Erinnern Sie sich? Das Schicksal orientiert sich immer an der Motivation, die hinter der Tat steht. Ist Ihr Motiv rein, erleben Sie Glück, ist Ihr Motiv selbstherrlich, werden Sie dafür zur Rechenschaft gezogen, in welcher Form auch immer. Das geistige Konto wird immer ausgeglichen.

Eine gute Möglichkeit zur Charakterbildung ist die Beseitigung vergangener »Sünden«. Ich meine damit, daß Sie Dinge, die Sie in der Vergangenheit falsch gemacht haben, bereinigen. Wenn Sie das Konto »Schulden« löschen möchten, müssen Sie versuchen, Fehler aus der Vergangenheit, die noch reparabel sind, in Ordnung zu bringen. Und zwar immer in dem Maße und bei den Menschen, die direkt betroffen waren. Schulden Sie jemandem Geld, geben Sie ihm dies zurück, haben Sie jemanden beleidigt, bitten Sie ihn um Verzeihung. Machen Sie sich von vergangenen Schulden frei, indem Sie erkennen, daß Sie zur damaliger Zeit nicht fähig waren, die Dinge besser zu lösen. Tun Sie aber alles in Ihrer Macht Stehende, um die vergangenen Fehler und Mißstände auszugleichen. Wenn Sie ehrlich vorgehen, werden Sie das Schicksal auf Ihrer Seite haben. Wenn Sie das Schicksal betrügen wollen, betrügen Sie sich selbst. Das Gesetz von Ursache und Wirkung läßt sich nicht täuschen. Jeder Mensch wird die Ehrlichkeit der Motive erkennen. Führen Sie durch Beispiel. Sie ändern dadurch die Welt; Ihre Welt, das Beste und einzig Sinnvolle, das Sie tun können.

Um den Charakter zu ändern, müssen wir die Ursachen in uns ändern. Dies ist erst möglich, wenn Sie wissen, was Sie erreichen möchten. Eines ist sicher: Sie sollen kein Heiliger werden und sollen auch nicht in Demut und Armut leben. Eigentlich sollten Sie in Reichtum und Glück leben, aber nicht auf Kosten anderer. Ich meine damit, daß andere übervorteilt würden. Sie können alles erreichen, was Sie sich vorstellen, wenn Sie ehrlichen Herzens und menschlich handeln.

Züge, die in Ihrem Charakter gefestigt sein sollten:

- Klarheit im Denken
- Wachsamkeit
- Offenheit
- Objektivität
- Konsequenz
- Menschenverstand
- Dankbarkeit
- Freundlichkeit
- Rechtschaffenheit
- Kühnheit
- Liebe
- Hoffnung
- Glaube
- Weisheit

Klarheit im Denken bewirkt, daß die Gefühle nicht die Alleinherrschaft übernehmen. Klares Denken bedeutet auch zu erkennen, daß die eigene Sicht nicht immer die richtige ist. Es bewirkt, daß wir die göttliche Bestimmung der freien Entscheidung leben und uns dadurch erfüllen.

Wachsamkeit macht uns auf Gelegenheiten aufmerksam, die wir auf dem Weg zum Erfolg beachten müssen. Das Schicksal bedient sich ungewöhnlicher Wege. Diese zu erkennen, ist unsere Aufgabe. Wer ungewöhnlichen Erfolg haben will, muß ungewöhnliche Wege gehen. Diese Wege sind auf der geistigen Ebene schon vorhanden, sie werden uns in verschiedenen Varianten und Verpackungen geliefert. Mit Wachsamkeit erfühlen und erfahren wir die zu uns passenden Wege.

Offenheit macht Sie frei von Vorurteilen. Nur ein Dummkopf urteilt, bevor er ein genaues Bild von der Situation hat. Vorurteile können Erfolg abhalten, Sie neuer Erlebnisse und Chancen – beruflicher und menschlicher Art – berauben. Die Natur ist offen und paßt sich Veränderungen bestmöglich an, also ist auch der Mensch gefordert, das zu tun und neue Aspekte und Möglichkeiten zuzulassen.

Objektivität ist nicht immer leicht zu bewahren, denn wir alle sind gefangen in unserem geistigen Horizont, in unseren eingefahrenen Bahnen. Wir können nur versuchen, objektiv zu sein, indem wir unsere Ansicht nicht immer mit in die Betrachtung einfließen lassen. Um dies zu beherrschen, müssen Sie in sich ruhen und die anderen genauso wichtig nehmen wie sich selbst. Der Versuch, die Situationen objektiv zu sehen, kann uns viel Leid und Lehrgeld ersparen.

Konsequenz im Handeln ist ein entscheidender Baustein für Erfolg und zu charakterlicher Entwicklung. Konsequent sein mit sich selbst ist für viele ein schwieriges Unterfangen. Denn es ist schlicht und einfach unbequem. Konsequenz bedeutet, das als richtig und gut Erkannte umzusetzen, auch wenn die anderen nicht einverstanden sind. Tun Sie dies nicht, zwingen Sie das Schicksal zur Nachhilfe, und Sie werden unter erschwerten Umständen doch die Konsequenzen ziehen müssen.

Menschenverstand heißt, zu erkennen, daß wir mit Menschen und für Menschen arbeiten. Wir sind alle untrennbar miteinander verbunden und brauchen uns gegenseitig zum Lernen und zum Überleben. Niemand von uns kann alleine existieren. Wer dies annimmt, ist töricht. Daher sollte ein Charakterzug »Menschlichkeit« sein. Entscheidungen sollen für den Menschen, nicht gegen ihn ausfallen. Menschlich handeln heißt auch, den anderen Fehler machen zu lassen. Es ist dem anderen zu verzeihen, wenn sein Verhalten nicht richtig war. Menschlichkeit ist, sich in jedem Augenblick zu bemühen, das Beste von sich zu geben.

Dankbarkeit wird allzuleicht vergessen, weil wir den Blick nur auf das richten, was nicht in Ordnung ist. Sie haben 10 Gründe aufgeschrieben, warum gerade Sie Grund haben, glücklich zu sein. Wie oft denken Sie mit Dankbarkeit daran? Danken Sie allen Menschen, die Ihnen Gutes tun! Danken Sie mit Freude Ihrem Unterbewußtsein, daß es Ihnen hilft. Danken Sie dem Schöpfer für die vielen Chancen, die Sie erhalten. Seien Sie dankbar für Fehler, denn damit haben Sie erfahren, was Sie in Zukunft unterlassen sollten.

Freundlichkeit kostet nichts und bringt großen Segen. Ein freundliches Wort, eine nette Geste, all dies macht das Leben menschlicher. Schauen Sie sich um, warum laufen so viele Menschen mit grimmigen, unfreundlichen Gesichtern umher? Dabei hilft ein Lächeln Ihnen und den Mitmenschen.

> »Lache und die Welt lacht mit, weine und Du weinst alleine.«

Alle Dinge, die das Dasein erleichtern, kosten nichts; Freundlichkeit, Liebenswürdigkeit, nette aufbauende Worte und Aufmerksamkeit. Man kann sie mit Geld nicht erwerben.

Rechtschaffenheit bei allen Handlungen ist in erster Linie gut für uns selbst. »Wir erleben das, was wir von uns geben.« Daher ist rechtes Handeln ein Bumerang, der auf uns selbst zurückkommt. Wir erreichen alles leichter und besser im Einklang mit den geistigen Gesetzen. Nur Kleingeister glauben, anderen etwas wegnehmen zu können; in Wirklichkeit betrügen sie sich selbst. Wer mit Rechtschaffenheit an sein Ziel gelangt, kann stolz präsentieren, was er erreicht hat. Wer unlauteren Erfolg hat, wird diesen nicht auf Dauer genießen können.

Kühnheit bedeutet, frei von Angst zu sein. Angst ist immer ein Zustand unseres Bewußtseins. Wir können sie durch gezielte Programmierung in Kühnheit und Freude umwandeln. Sie wissen, wie gut Sie sind, Sie wissen, daß Sie unter Einsatz der drei großen Kräfte alles vermögen, wofür Sie bereit sind, Einsatz zu bringen. Daher ist Angst in Ihrem Charakter überflüssig. Gehen Sie voller Sicherheit kühn an die Arbeit und geben Sie das Beste.

Liebe ist das Wort, über das schon Tausende von Büchern veröffentlicht worden sind. Trotzdem ist immer noch nicht klar zu umreißen, was Liebe bedeutet. Ist es verbunden mit Selbstaufgabe, mit Ja-Sagen, mit immer »gut« sein müssen? Nichts von alledem ist in der Liebe verankert. Liebe kann bedeuten, menschlich zu sein, an den anderen zu denken, ohne sich selbst zu vergessen. Sie ist eine der schönsten Geschenke im Leben und wird von jedem gebraucht. Wer behauptet, er brauche keine Liebe, hat sie besonders nötig. Lieb sein ist nicht Liebe. Liebe ist für den Menschen. Lieb sein ist oft Bequemlichkeit, nicht nein sagen wollen.

> »Wer Werte vorlebt, ist würdig. Wer Liebe vorlebt, ist liebenswürdig.« *Hugo R. W. Hyka*

Liebe läßt sich nicht erzwingen, sie kann auch nicht erkauft werden. Liebe ist eine immerwährende Quelle in uns. Ohne Liebe hat das Leben keinen Sinn. Wenn Sie etwas aus Liebe geben, dürfen Sie keine Gegenleistungen verlangen, ansonsten ist dies ein Geschäft und hat nichts mit Liebe zu tun. Liebe ist selbstlos. Um Liebe zu empfangen, müssen Sie Liebe geben. Erwarten Sie nicht, sondern geben Sie. In Ihrem Charakter sollte die Liebe der Grundstein sein.

Hoffnung ist ein Licht in dunklen Zeiten. Jeder Mensch braucht sie, um Mut und Willen zur Tat zu erhalten. Hoffnung, getragen von Willen, ist eine Mischung, die ihr Ziel erreicht. An einem Regentag hoffen Sie auf Sonne, bei Krankheit hoffen Sie auf Gesundheit. Überall hilft uns die Hoffnung, Dinge und Situationen leichter zu überwinden.

Glaube ist verbunden mit Hoffnung. Wer glaubt, daß er ein Ziel erreicht, wird dies erreichen. Wer glaubt, daß er zum Mißerfolg geboren wurde, wird Mißerfolg haben.

Wissen stellt Tatsachen fest, Glaube schafft Tatsachen. Glauben gehört in Ihren Charakterplan, damit Sie nicht von leichten Winden umgeweht werden. Der Glaube ist die stärkste Kraft im Bewußtsein. Glauben Sie an das Gute, glauben Sie an sich.

Weisheit ist die höchste Gabe in uns. Wir erlangen sie erst nach vielen Prüfungen. Weise ist, wer die menschlichen Schwächen kennt und die Menschen trotzdem liebt.

> »Wer ist weise?
> Der von jedem Menschen lernt.
> Wer ist reich?
> Der mit seinem Teil zufrieden ist.«
>
> *Talmud*

Notieren Sie in folgender Checkliste, welche Charakterzüge Sie ändern möchten, und unterteilen Sie diese nach Prioritäten. Blättern Sie zurück zu Seite 48, dort haben Sie die Eigenschaften, die Sie stören, schon notiert.

Eigenschaften,
die ich ändern werde: Beginn:

1. ______________________ ____________

2. ______________________ ____________

3. ______________________ ____________

4. ______________________ ____________

5. ______________________ ____________

6. ______________________ ____________

7. ______________________ ____________

8. ______________________ ____________

9. ______________________ ____________

10. ______________________ ____________

11. ______________________ ____________

Geben Sie sich einen Zeitplan vor, um Ihre Charakterzüge nach Ihren Wünschen zu ändern. Ein sicherer Weg ist Ihre geistige Programmierung, verbunden mit dem richtigen Verhalten.

1. Ich weiß, was ich will
2. Ich beginne sofort
3. Ich programmiere mein Ziel dem Unterbewußtsein
4. Ich übe Gedankendisziplin
5. Ich lasse die neue Eigenschaft zur Gewohnheit werden
6. Ich »schraube« mich immer höher zu meinem Idealziel

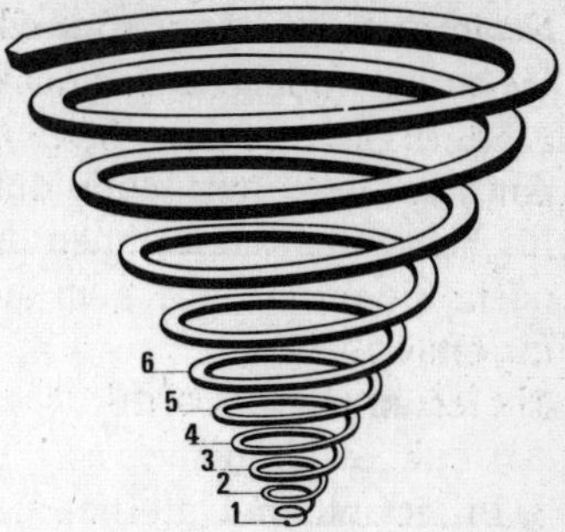

Einmal begonnen, setzen Sie alle Kräfte in Gang, welche Sie unterstützen, wenn Sie wirklich wollen. Ein guter Charakter hat immer Erfolg!

Charakter bedeutet ja Prägung. Wie drückt sich diese Prägung in Ihrer Erscheinung aus? Die Haut, der Gang, das

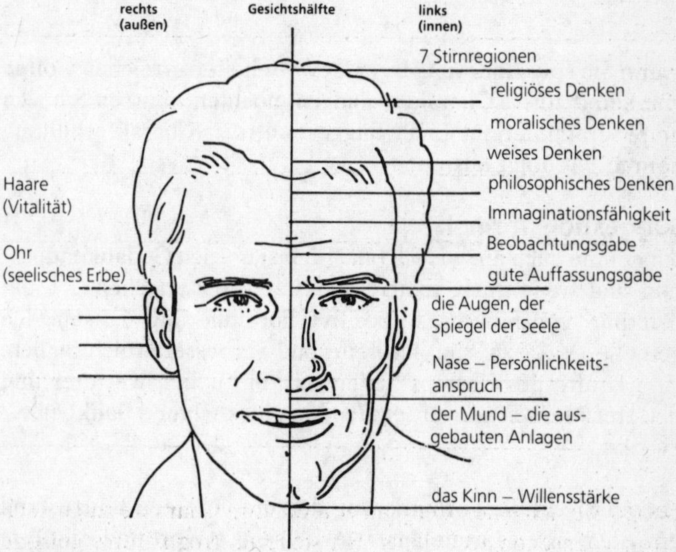

Charakterprägung durch geistige Einstellung

Benehmen, die Sprache, die Gestik, alles spiegelt Ihren Charakter wider. Jede Partie Ihres Gesichtes drückt Ihr Inneres aus.

Auch bei der Charakterbildung müssen Sie zuerst die Quellen für Fehlverhalten in Ihnen beseitigen, dann zieht das Äußere nach. Sie erinnern sich an die Reihenfolge:

1. Gedanke
2. Denkgewohnheit
3. Programm im Unterbewußtsein
4. Ausdruck im Körper
5. Charakter
6. Schicksal

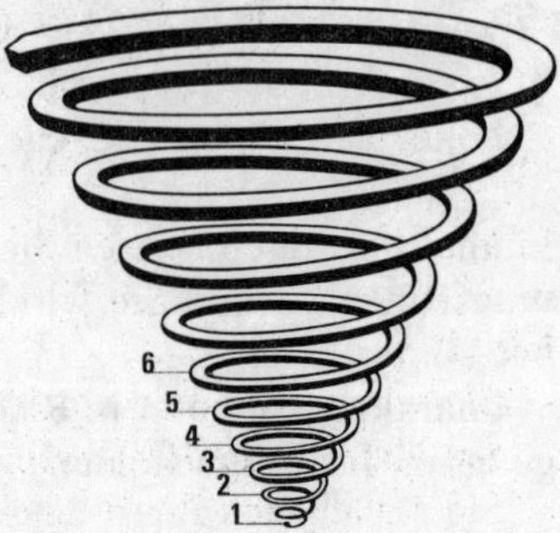

Wenn Sie eine Änderung Ihrer Gewohnheiten erreichen wollen und somit Ihren Charakter ändern möchten, müssen Sie sich umprogrammieren. Eine Suggestion für Charakterbildung könnte wie folgt aussehen:

Suggestionsformel:
Ich nehme mich an, wie ich bin. Täglich übe ich Gedankendisziplin und freue mich, mein Schicksal zu beherrschen. Ich bin dankbar, von nun an … (positive Formulierung) zu sein. Ich genieße es, … zu sein. Ich reife und verbessere mich täglich. Alle Kräfte des Kosmos helfen mir, ein liebenswerterer und netterer Mensch zu werden. Ich bin glücklich und dankbar, … zu sein.

Setzen Sie in die Formulierung den erwünschten Endzustand ein. Sie müssen Ihrem Unterbewußtsein in Wort und Bild Ihre Vorstellung präsentieren, als wäre es schon geschehen.

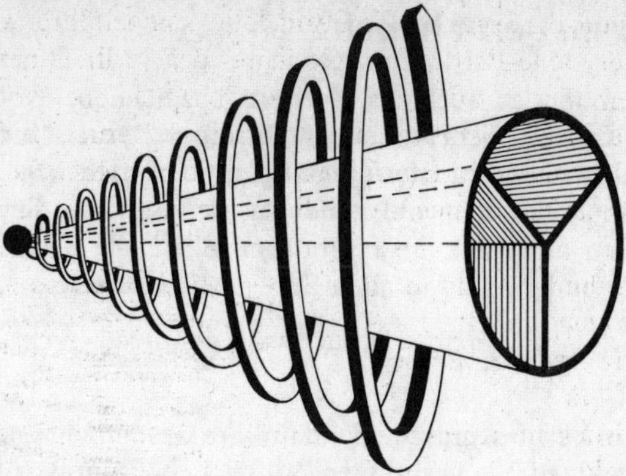

Geist:

– Sie wissen, was Sie möchten
– Sie üben Gedankendisziplin
– Sie stellen sich Ihren neuen Wesenszug vor

Seele:

– Sie programmieren Ihr Unterbewußtsein
– Sie fühlen sich wohl in der neuen »Rolle«

Körper:

– Sie verhalten sich, als hätten Sie Ihr Ziel schon erreicht
– Sie handeln in Zukunft richtig

Erfolg im Beruf haben

Wir könnten es auch als Karriere bezeichnen. Wobei der Begriff Karriere nicht immer paßt. Erfolg im Beruf ist umfassender und meines Erachtens wichtiger, denn haben Sie Erfolg, dann fühlen Sie sich wohl, geben das Beste und verdienen gut. Sie haben nicht nur die Position im Blick, die Sie erreichen wollen, sondern sind in allen Bereichen erfolgreich.

> »Erfolgreich sind wir nur, wo wir nützen, nicht wo wir ausnützen.« *Emil Oesch*

Erfolg im Beruf ist entscheidend für Ihre Gesundheit und für Ihr Familienleben. Sie verbringen ⅓ Ihres Lebens im Beruf, daher müssen Sie sich dort auch wohl fühlen. Die Aufgaben, die Sie haben, müssen Sie motivieren, Sie anspornen, das Beste zu geben. Sie müssen in Ihrem Beruf ein Selbst-Motivator sein, wenn Sie dauerhaft Erfolg haben möchten. Motivation können wir definieren als Motiv zu einer Aktion. Ist die Aktion lohnenswert, dann setzen Sie sich ein.

Selbstmotivation

Wenn Sie ein Arbeitsgebiet beherrschen und dort immer die neuesten Erkenntnisse integrieren, entwickeln Sie sich zu einem Spezialisten. Sie müssen allein, ohne Unterstützung und ohne daß Sie jemand antreibt, immer das Bestreben haben, einen Schritt voraus zu sein. Dies ist mit Achtsamkeit und positiven Suggestionen leicht zu erreichen. Im Beruf kommt der voran, der die bessere Leistung bringt und diese auch verkaufen kann. Sie können noch so gut sein, wenn Ihr Vorgesetzter nichts davon merkt, können Sie nicht weiterkommen. Motivieren Sie sich, indem Sie aufbauende Bücher lesen, Motivationskassetten hören und gute Gespräche führen. Morgens und abends haben Sie während der Fahrt zur Arbeit (im Auto) Zeit, Kassetten zu hören oder positive Selbstgespräche zu führen. Während aller Leerzeiten können Sie ohne zusätzlichen Zeitaufwand Nützliches für sich tun. Steigern Sie Ihre

Selbsteinschätzung und arbeiten Sie am Vorwärtskommen. Wenn tagsüber etwas mißlungen ist, lassen Sie es während der Heimfahrt noch einmal auf Ihrem geistigen Bildschirm erscheinen und stellen Sie sich vor, wie es hätte sein sollen. Sagen Sie sich: das nächste Mal mache ich es so. Seien Sie bereit, Verantwortung zu übernehmen. Sie soll ein Ansporn für Sie sein. Sagen Sie sich: »Ich mache das so« und nicht: »Ich werde versuchen, dies so zu machen, und hoffe, daß es gelingt.« Lösen Sie sich aus dem üblichen Gejammer um Sie herum. Alle nörgeln und klagen. Beschäftigen Sie sich mit Höherem, egal von wo aus Sie starten. Sie erreichen Ihr Ziel, wenn es »für Sie glaubhaft und geistig erfaßbar« ist.

Dazu ist nicht notwendig, daß Sie mehr als die übliche Zeit aufbringen. Sie können in derselben Zeit mindestens 20–30% mehr bringen, wenn Sie kybernetisch richtig vorgehen. Nicht der Aufwand zählt, sondern die Leistung.

Spezialisierung im Beruf

Die Anforderungen im Beruf ändern sich derart schnell, daß eine Spezialisierung notwendig wird. Früher gab es einen Geschäftsführer oder einen Inhaber, der alles machte, von der Steuer über die Werbung bis hin zum Verkauf und der Kundenbetreuung. Dies ist heute nur noch in Kleinstfirmen möglich.

Ein Abteilungsleiter hatte früher viele Aufgaben, von Personaleinstellung bis zum Personalwesen. Im Laufe der Expansion wurden die Gebiete unterteilt und die Aufgaben immer spezialisierter. Ein Unternehmensberater konnte früher jede Firma beraten, heute gibt es Spezialisten für einzelne Branchen. Es beginnt nun auch innerhalb einer Branche die Spezialisierung in einzelne Funktionen, z. B.:

- Verkauf
- Marketing
- Werbung
- Image
- Personalschulung
- Steuerwesen usw.

Ein guter Berater wird mit anderen Spezialisten kooperieren. In Ihrem Bereich ist dies genauso. Sie werden zum Spezialisten, wenn Sie mit der Entwicklung Schritt halten. Dies bedeutet: Bedürfnisse der Kunden und Vorgesetzten zu erkennen und zu erfüllen. Heute sind grundsätzlich andere Maßstäbe anzusetzen als vor 5 oder 10 Jahren. Die Entwicklung ist vorangeschritten, wir müssen geistig mithalten. Diese Entwicklung bringt unendlich viele Möglichkeiten mit sich. Sie bietet die Chance, die eigenen Fähigkeiten gezielter einsetzen und die persönlichen Vorstellungen voll verwirklichen zu können.

Seien Sie doch einmal ehrlich! Was würden Sie tun, wenn Sie genügend Geld hätten? Würden Sie nichts tun, immer faulenzen? Wohl nicht, denn es gibt nichts Schlimmeres als Langeweile. Sie würden – vielleicht nach einem ausgedehnten Urlaub – sich eine Aufgabe suchen, die Sie befriedigt. Denn Sie brauchen dies, um sich wohl zu fühlen. Ohne Arbeit, ohne sinnvolle Aufgabe hätte unser Leben keinen Sinn. Diese sinnvolle Aufgabe können Sie auch jetzt schon erfüllen, indem Sie sich bewußt werden, daß Arbeit ein Segen und keine Last ist. Heute, im Zeitalter der Automation, sind wir von vielen Arbeiten befreit, die früher wirklich menschenunwürdig waren.

Die Entwicklung der Bedürfnisse

Betrachten wir beispielsweise die Nahrung, um zu sehen, wie sich die Bedürfnisse entwickelt haben. In frühester Zeit gab es Nahrungsmittel, sie waren notwendig, um den Organismus zu erhalten. Später folgten die Lebensmittel. Diese wurden benötigt, um gut leben zu können. Heute gibt es Feinkost und Genußmittel. Ernährung hat nicht mehr den ersten Stellenwert. Essen muß gut schmecken, schön aussehen, sogar schön verpackt sein, und ein breites Angebot soll vorhanden sein.

Neuerdings gibt es Bio-Lebensmittel. Es wird wieder auf Naturfrische, auf biologischen Anbau und auf Vitamine geachtet. Die Ernährung gewinnt wieder an Stellenwert. Bio-Lebensmittel müssen nicht schön verpackt sein, Reinheit ist wichtig. Der Käufer ist bereit, dafür mehr zu bezahlen. Die Lebensmittelbranche hat sich der Entwicklung angepaßt, vor allem die Giganten. Kleine Läden, die sich an gestrigen Maßstäben orientierten, gingen reihenweise unter.

In Zukunft, so sagen Prognosen, wird es riesige Spezialsortimenter geben oder kleine hochspezialisierte Fachgeschäfte. Die Mittelschicht wird verschwinden.

Nehmen wir den Beruf als Beispiel. Heute sind Fachkräfte mehr gesucht denn je. Lange Zeit galt bei den Jugendlichen als höchstes Ziel, einfach viel Geld zu verdienen, ohne einen Beruf zu erlernen. Diese Schnellverdiener sind heute diejenigen,

Deutlicher Bedürfniswandel im Nahrungsmittelbereich.

welche am schlechtesten einen Job bekommen. Wer aber einen Beruf erlernt hat und sich dort gut entfaltet, braucht sich vor Arbeitslosigkeit nicht zu fürchten; auch im fortgeschrittenen Alter nicht. Die Anforderungen im Beruf ändern sich permanent. Wenn Sie viel verdienen oder weiterkommen möchten, genügt dies alleine noch nicht. Sie müssen sich einen Plan machen, wohin Sie möchten und welche Schritte Sie wann gehen müssen. Überlassen Sie nichts dem Zufall.

Berufs-Ist-Analyse

Wo stehen Sie jetzt, welche Aufgaben haben Sie zur Zeit zu erledigen? Was davon tun Sie besonders gerne, was weniger?

Tätigkeiten, die ich ausführe	AUSPRÄGUNG weniger	gerne	sehr

Bewerten Sie, was Sie besonders gerne machen und wo Sie am besten sind. Die Skala bis 100 gibt Ihnen einen guten Rahmen vor. Es kommt nur auf die Tendenz an, nicht auf Genauigkeit.

Wo stehen Sie jetzt in Ihrem Beruf?

Wo möchten Sie hinkommen?

Was hindert Sie im Moment daran?

Wissen und Fähigkeiten, die ich mir noch aneignen muß, um mein Ziel zu erreichen	Woher/wann

Schreiben Sie nun ein Konzept in Ihren Worten, wie Sie sich die Verwirklichung vorstellen! Ein Vorschlag hierzu könnte so aussehen:

Ein Karriere-Konzept

1. ***Beschreibung Ihres Zieles, klar und bildhaft***
   Ich möchte die Position des ... bis zum ... erreicht haben. Es macht mir Freude zu ... und ich bin deshalb geeignet dafür, weil ich ... Wenn ich dieses Ziel erreicht habe, bin ich glücklich, weil ...

2. ***Allgemeines über Ihren Beruf***
   Seit ich in der Firma bin, hat sich in diesem Bereich zu wenig getan. Niemand erkennt die Notwendigkeit des sofortigen Handelns. Wenn wir noch länger warten, ist uns der Mitbewerber so weit voraus, daß es schwierig wird, ihn wieder einzuholen.
   (Schreiben Sie die Begründung nieder, warum gerade Ihr Vorschlag Ihnen und Ihrer Firma Gewinn bringt.)

3. ***Profilierung***
   Ich bin für diese Aufgabe besonders geeignet, weil ich ... Mein Bestreben ist, für alle ein Gewinn zu sein. Der Unterschied zu meinen Kollegen oder Mitbewerbern ist, daß ich ..., und hier ist die deutliche Unterscheidung.
   (Notieren Sie ganz klar, warum und wie Sie sich profilieren können. Schreiben Sie auf, welchen Nutzen Sie durch Ihr Vorgehen allen Beteiligten bringen.)

4. ***Kooperation***
   Überlegen Sie sich, mit wem Sie sich zusammenschließen können. Wer hat im Betrieb oder außerhalb die gleichen Interessen, Lieferanten oder Kunden? Wer kann Sie dabei unterstützen, dem wiederum Sie etwas bieten können?

5. ***Zeitplan***
Entscheiden Sie, in welchen Abschnitten Sie vorgehen und notieren Sie diese, damit Sie klar über Ihren Marschplan informiert sind. Sie sollten keinen Schritt zu früh machen. In kleinen Schritten sicher zum Erfolg!

6. ***Kommunikation***
Wie machen Sie es Ihrem Vorgesetzten klar, wann soll er von Ihrem Vorhaben erfahren? Wenn möglich, sollte er es durch Ihre Leistung erfahren. Geben Sie ein gutes Beispiel. Fordern Sie nicht, wenn Ihnen nicht klar ist, wie Ihre Machtverhältnisse sind.

1. Analyse der Aufgabengebiete
2. Feststellung der besonderen Ausprägungen
3. Ziel festlegen
4. Festlegen, welche Fähigkeiten noch fehlen
5. Niederschrift des Karriere-Konzepts
6. Niederschrift der Suggestion
7. Geistig programmieren
8. Sich am Endziel sehen
9. Alles Notwendige auf Ihrer Ebene tun

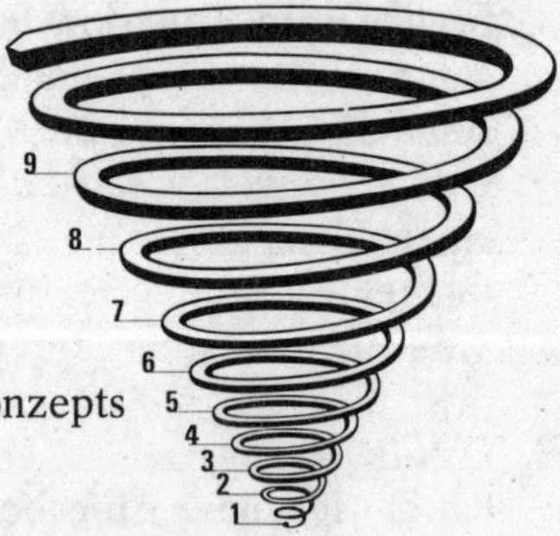

Schreiben Sie ein richtiges Konzept, damit Ihnen der Ablauf klar wird. Dieses Karrierekonzept nicht nur in Stichpunkten schreiben, sondern ähnlich dem Muster in allen Einzelheiten formulieren. Wenn dies geschehen ist, haben Sie den Kopf frei, brauchen nur noch kleine Korrekturen vorzunehmen und diese anschließend in die Tat umsetzen.

Denken Sie extrovertiert. Richten Sie Ihre Aufmerksamkeit nach außen, und Sie werden empfänglich für Signale, die Sie in Ihrem Vorhaben weiterbringen. Bedenken Sie, was Sie wollen, ist klar, aber Ihre Vorgesetzten und Kunden interessiert das. Sie wollen einen Nutzen erkennen. Denken Sie sich in den anderen hinein. Nur so erfahren Sie, was nötig ist, daß die Bedürfnisse des anderen befriedigt werden und Sie Ihr Ziel erreichen. Fragen Sie sich: »Wem dient es, wenn ich das erreiche, was ich möchte?« Wer außer Ihnen zählt noch zu den Gewinnern?

Wenn Sie mit dem Konzept in Klarheit und Offenheit voranschreiten, erhalten Sie vom Schicksal Rückenwind. Sie brauchen sich dann um den Erfolg nicht mehr zu kümmern. Er folgt Ihnen, Sie können nicht mehr anders, als ERFOLGREICH zu werden. Füllen Sie nun Ihr eigenes Konzept mit Ihren eigenen Worten aus.

Mein Karriere-Konzept

1. Beschreibung meines Zieles

2. Allgemeines über meinen Beruf und den derzeitigen Stand

3. Profilierung

4. Kooperation

5. Zeitplan

6. Kommunikation

Lesen Sie Ihr Konzept täglich durch, bis es Ihnen in Fleisch und Blut übergegangen ist. Speichern Sie es ein. Erstellen Sie im folgenden einen Umsetzungsplan mit den Schritten, die Sie in nächster Zeit tun können.

Umsetzung/Schritte Datum

1. ______ ______
2. ______ ______
3. ______ ______
4. ______ ______
5. ______ ______
6. ______ ______
7. ______ ______
8. ______ ______
9. ______ ______
10. ______ ______

Suggerieren Sie Ihr Ziel Ihrem Unterbewußtsein. Eine Möglichkeit wäre:

Durch mein zielgerichtetes, ehrliches Arbeiten erreiche ich meine Beförderung bis... Ich bin dankbar und gebe mein Bestes in jeder Situation. Ich diene und verdiene. Ich genieße meinen Beruf und meine neue Tätigkeit, in der ich mich entfalten kann.

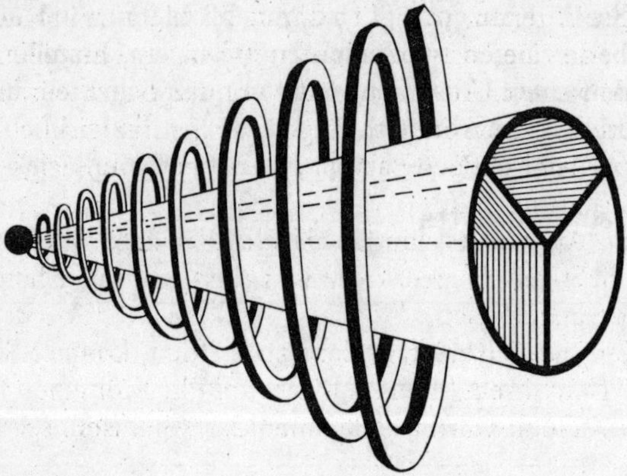

Geist:

- Sie stellen sich in der neuen Position vor
- Sie bilden sich für die neue Position

Seele:

- Sie suggerieren Ihrem Unterbewußtsein Ihr Ziel
- Sie fühlen und erleben sich in der neuen Position

Körper:

- Sie arbeiten nach Plan
- Sie handeln, als ob Ihr Ziel schon erreicht wäre

Den richtigen Partner finden

Jeder Mensch sehnt sich nach einer Beziehung. Wir brauchen den anderen, wir brauchen die Zuneigung und Liebe. Viele wenden sich an mich, um Ratschläge zu holen, wie man den richtigen Partner bekommt.

Zunächst müssen wir uns fragen, wer ist eigentlich der richtige Partner? Können Sie dies definieren? Weiß Ihr Unterbewußtsein genau, was Sie wollen? Wohl kaum! Sicher sagen Sie sich, der/die Partner/in muß nett sein, gut aussehen, liebevoll sein etc. etc. Alles Dinge, die vorausgesetzt werden. Aber im Grunde müssen Sie sich fragen, ob Sie ihn wirklich wollen, denn um den richtigen Partner anzuziehen, muß ich selbst der richtige Partner sein.

Meine Antwort ist immer dieselbe: Machen Sie sich zuerst »zum richtigen Partner«, dann haben Sie die Chance, den richtigen anzuziehen.

Fühlen Sie sich wert, geliebt zu werden, können Sie Liebe geben? Ist in Ihrem Inneren überhaupt Platz für einen Partner? Und vor allem: warum fällt Ihnen das Alleinsein schwer?

Wir sind immer alleine

Im Grunde unseres Herzens sind wir immer alleine. Allein sein ist keine Schande, im Gegenteil, wir können lernen, uns besser zu verstehen und an uns zu arbeiten. Wir können uns zum idealen Partner machen. Alleinsein ist *All-eins-sein,* mit dem All eins sein. Es hat nichts mit Einsamkeit zu tun. Wir sind alle eins. Wer einen Partner benötigt, um sich wohl zu fühlen, ist abhängig. Wohlgemerkt, es gibt nichts Schöneres als eine harmonische Zweisamkeit. Aber die kann erst kommen, wenn wir mit uns alleine zurechtkommen. Ansonsten passiert etwas wie in der folgenden Scherzfrage: Wissen Sie, was eine Ehe ist?

Eine Ehe ist eine Gemeinschaft zweier Menschen, die gemeinsam versuchen, die Probleme zu lösen, die sie nicht hätten, wenn sie allein geblieben wären.

Wer mit sich selbst nicht zurechtkommt, kann auch mit einem Partner nicht zurechtkommen. Fragen Sie sich einmal:

- Möchten Sie mit sich verheiratet sein?
- Was würde Sie daran stören?
- Glauben Sie nicht auch, daß dies Ihren künftigen Partner ebenfalls stören wird?

Bringen Sie sich in Ordnung, erweitern Sie Ihren geistigen Horizont und öffnen Sie sich für das, was das Leben Ihnen bietet. Blockieren Sie sich nicht durch falsche Gedanken, Minderwertigkeitsgefühle und die Ansicht: »Meinen Partner finde ich nicht, denn er müßte perfekt sein.«

Denken Sie daran, es geschieht nach dem Gesetz von Ursache und Wirkung. Sie entscheiden, was und wer in Ihr Leben tritt.

Der erste Schritt

Daher ist der erste Schritt zum idealen Partner, sich selbst zum idealen Partner zu machen. Formen Sie sich so, wie Sie idealerweise sein möchten. Lassen Sie nur liebevolle Gedanken zu, und öffnen Sie Ihr Herz für das Leben. Gehen Sie mit dem Beispiel voran, das Sie auch vom anderen erwarten. Wenn Sie geliebt werden möchten und selbst nicht lieben können, suchen Sie sich einen Partner, der das gleiche Bedürfnis hat; auch er möchte geliebt werden.

Aufgrund des Resonanzgesetzes treffen sich nun zwei Partner, die die gleiche Schwingung bzw. Erwartung haben. Beide möchten, daß der andere ihn liebt! Wie lange wird das gutgehen? Es kann nicht sehr lange sein, weil jeder nur erwartet und nicht den ersten Schritt tut.

Wollen Sie geliebt werden, müssen Sie lernen zu lieben, dann ziehen Sie den Partner an, der das auch tut und zu Ihnen paßt.

Der zweite Schritt

Seien Sie bereit für eine Gemeinsamkeit, und vertrauen Sie der Schöpfung. Zweisamkeit bedeutet immer Kompromisse eingehen, denn jeder hat seine Vorstellungen und seinen geistigen Horizont. Gehen Sie daher mit entsprechender Einstellung in eine Partnerschaft, und Sie werden entdecken, was Sie aus Liebe alles tun werden. Denn was Sie aus Liebe tun, tun Sie gerne.

Der dritte Schritt

Fühlen Sie sich wert, den idealen Partner anzuziehen. Seien Sie überzeugt, daß es ihn gibt. Begrenzen Sie sich nicht, wenn er nicht so schnell da ist, wie Sie möchten. Aber seien Sie sicher; Sie sind geboren worden, um den Partner zu finden, der für Sie bestimmt ist. Denn nur dadurch ist der Kreislauf des Lebens geschlossen.

Der vierte Schritt

Programmieren Sie Ihr Unterbewußtsein und seien Sie dann offen. Geben Sie Ihrem Unterbewußtsein vor, daß Sie sich so fühlen, als hätten Sie bereits den richtigen Partner. Wenn Sie geistig dauernd die Vorstellung haben, es gäbe ihn nicht, versucht Ihr Unterbewußtsein, »es Ihrer Vorstellung entsprechend recht zu machen«.

Der fünfte Schritt

Gehen Sie aus, sprechen Sie mit Menschen, öffnen Sie sich, tun Sie alles auf Ihrer materiellen Ebene. Wenn Sie sich nicht unter Menschen trauen, suggerieren Sie sich zuerst Selbstsicherheit ein, dann nehmen Sie Einladungen etc. an. Wenn Sie geistig bereit sind, müssen Sie nur noch auf der körperlichen Ebene das tun, was Sie tun können.

1. Sie machen sich zum idealen Partner
2. Sie bereiten sich für Zweisamkeit vor, geistig und körperlich
3. Sie steigern Ihr Selbstwertgefühl
4. Sie programmieren Ihr Unterbewußtsein
5. Sie unternehmen alles auf Ihrer Ebene

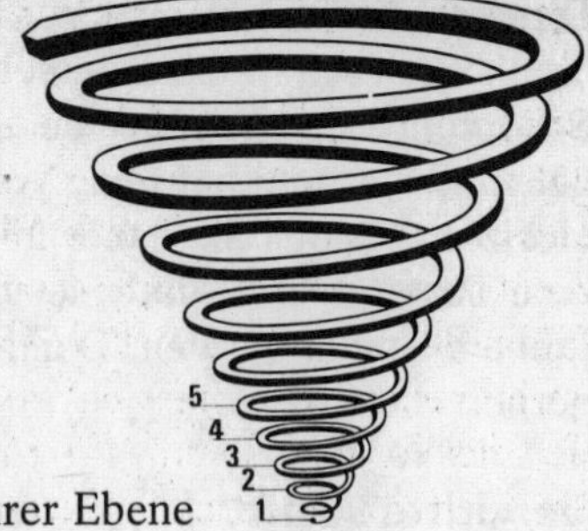

Es gibt Ihren Partner schon, nur kann es sein, daß der Zeitpunkt noch nicht gekommen ist. Haben Sie Geduld in der Erwartung, daß Sie ihm bald begegnen.

Geist:
- Sie stellen sich schöne Stunden mit Ihrem Partner vor
- Sie sehen sich zu zweit, glücklich und zufrieden

Seele:
- Sie fühlen sich wert für den richtigen Partner
- Sie programmieren Ihr Ziel Ihrem Unterbewußtsein

Körper:
- Sie gehen aus, tun alles auf Ihrer Ebene
- Sie benehmen sich, als hätten Sie den Partner schon

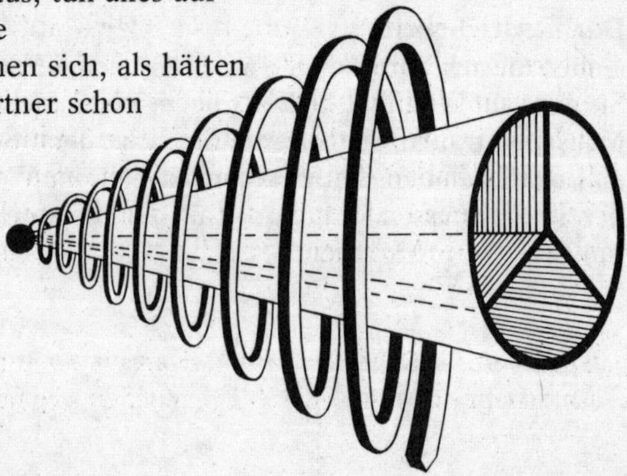

Eine gute Führungskraft sein

Auch Chefs sind vom falschen Denken nicht befreit. Genauso wie ein Mitarbeiter introvertiert denken und handeln kann, ist dies auch bei Chefs möglich. Wenn Sie als Chef nur egoistische Ziele verfolgen, dürfen Sie sich nicht wundern, wenn dies in Ihrem Betrieb auch so ist. Wir ziehen immer das an, was in uns vorherrscht. Als Chef haben Sie die Aufgabe, mit gutem Beispiel voranzugehen. Nur was Sie von sich erwarten, können Sie auch von anderen erwarten.

Ihre Aufgabe ist es, Ihre Mitarbeiter zu motivieren und zu Höchstleistungen anzuspornen.

Sechs Eigenschaften einer guten Führungskraft

1. ***Klarheit.*** – Legen Sie klare Ziele fest. Sie kennen ja das Ziel Ihrer Firma. Wissen es auch alle Mitarbeiter? Verfassen Sie eine Firmenphilosophie. Darin sollten alle Stärken gegenüber den Mitbewerbern und das Ziel, welches es zu erreichen gilt, festgehalten sein. Ich meine damit nicht allein Umsatzzahlen, sondern welchen Nutzen Sie erreichen wollen. Halten Sie ganz deutlich die Wichtigkeit der einzelnen Mitarbeiter für das Füreinander und die Gemeinsamkeit fest.

2. ***Aufrichtigkeit.*** – Seien Sie als Führungskraft stets aufrichtig in Ihrer Bewertung. Geben Sie nichts auf Gerüchte und informieren Sie sich direkt bei den Betroffenen, bevor Sie ein Urteil fällen. Verurteilen Sie nie vorschnell und lassen Sie sich nicht zu Wutausbrüchen verleiten. Sie müssen sich unter Kontrolle haben, damit Sie auch die anderen unter Kontrolle haben. Gehen Sie stets mit gutem Beispiel voran, dann werden die Mitarbeiter zu Ihnen halten und Vertrauen haben.

3. ***Mitarbeit.*** – Regen Sie zur Mitarbeit an. Lassen Sie Ihre Mitarbeiter Lösungsvorschläge machen. Sie haben vielleicht

den gesamten Überblick, aber wer weiß z. B. über eine Maschine besser Bescheid? Der, der sie gekauft hat, oder der, der täglich 8 Stunden damit arbeitet? Wer weiß besser, was die Kunden wünschen, der Einkäufer oder der Verkäufer, der täglich Umgang mit den Kunden hat? Es weiß immer der mehr, der direkt an der Quelle sitzt. Der Kunde oder der Mitarbeiter kann eine unbezahlbare Informationsquelle sein.

4. ***Kommunikation.*** – Halten Sie immer Ihre Tür für Gespräche offen. Nur dadurch erfahren Sie, was wirklich geschieht. Halten Sie regelmäßig Besprechungen ab, bei denen Sie besondere Leistungen hervorheben können. Loben Sie vor anderen, aber kritisieren Sie einzelne nie vor einer Gruppe.

5. ***Kritik.*** – Wenn Sie Grund zur Kritik haben, rufen Sie Ihren Mitarbeiter zu sich und sagen Sie klar, was Sache ist. Reden Sie nicht herum, aber schütten Sie auch nicht Ihren ganzen Ärger über ihn aus. Bleiben Sie sachlich! Betonen Sie auch, daß er okay ist, sein Verhalten jedoch nicht. Mit ehrlicher Kritik erreichen Sie mehr als durch Drohungen.

6. ***Konsequenz.*** – Bleiben Sie in allen Fällen menschlich, aber seien Sie konsequent. Allzuleicht wird Gutmütigkeit ausgenützt und als Dummheit angesehen. Sollte dies der Fall sein, veranlassen Sie sofort eine Aussprache, um die Dinge in aller Deutlichkeit klarzustellen.

Welche Mängel möchten Sie in Ihrer Abteilung, Ihrem Betrieb beseitigen? Schreiben Sie zuerst alle Ihre Absichten ohne Rangordnung nieder:

Mängel, die ich beseitigen möchte Datum

Egal was Sie erreichen möchten, immer müssen Sie ein leitendes Vorbild sein. Daher sollten Sie nichts herausposaunen, wenn Sie irgend etwas ändern wollen, sondern diese Absichten ein klares Ziel in Ihnen werden lassen. Integrieren Sie Ihr Ziel in Ihren geistigen Horizont und programmieren Sie Ihr Unterbewußtsein. Erst wenn es ein Teil von Ihnen ist und es für Sie schon selbstverständlich ist, sollten Sie Ihr Ziel nach außen tragen und umsetzen. Erst dann sind Sie gefestigt, so daß auch die anderen die Notwendigkeit erkennen und mitarbeiten. Alles, was Sie vorher aufgeschrieben haben, ist ein Problem. Erst wenn Sie es bereinigt und integriert haben, kann es sich auch nach außen auswirken. Das Problem sind Sie. Ansonsten hätten Sie diese Schwierigkeiten nicht. Ändern Sie sich, ändert sich auch Ihre Umgebung.

Klären Sie, warum Sie dieses Problem haben. Fragen Sie sich: Was soll ich daraus lernen, welche Aufgabe steckt dahinter? Sie werden sicher erkennen, was in Ihrer Einstellung zu ändern ist. Programmieren Sie nun Ihr Ziel in einen erwünschten Endzustand. Geben Sie Ihrem Unterbewußtsein ein klares Bild dessen vor, was Ihr Ziel ist. Wollen Sie mehr Zusammenarbeit, dann sehen Sie im Geiste, wie alle gut zusammenarbeiten. Sehen Sie, wie gerne die Mitarbeiter für Sie arbeiten. Hören Sie sie sprechen, wie gut sie es haben und wie sie stets bemüht sind, das Beste zu geben.

Kybernetische Wirkung der richtigen Führung:

1. Sie klären den Ist-Zustand
2. Sie erkennen für sich die Aufgabe dahinter
3. Sie programmieren die Lösung mental
4. Sie führen durch Beispiel
5. Sie erreichen Ihr Ziel ohne Mehranstrengung

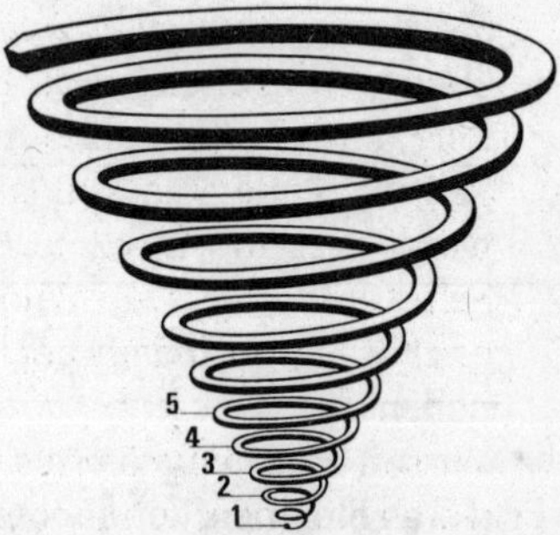

Bringen Sie Ihr Inneres in Ordnung, wirkt diese Kraft auch nach außen. Die Energie in uns drängt immer nach Verwirklichung. Aus diesem Grunde brauchen wir nur unseren Charakter und unsere Einstellung in Ordnung zu bringen, und Sie werden erleben, wie die äußere Energie nachzieht. Im Grunde ist heute richtiges Führen ohne Kenntnis der geistigen Gesetzmäßigkeiten und der Kenntnisse über die Psyche nicht mehr möglich.

Mitarbeitermotivation

Am liebsten arbeiten die Menschen, wenn sie als Personen akzeptiert werden. Jeder möchte angenommen sein, dies ist ein Grundbedürfnis. Die meisten Kündigungen erfolgen nicht aus finanziellen Gründen, sondern wegen des Betriebsklimas. Ein gutes Betriebsklima stellt sich aber nicht von alleine her. Es wird von den Vorgesetzten geprägt. Sie haben es in der Hand, es zu verbessern oder zu verschlechtern. Arroganz bei Vorgesetzten ist keine Bereicherung. Menschlichkeit ist die Grundvoraussetzung, die notwendig ist; heute mehr denn je.

Die Maslowsche Bedürfnispyramide

Professor Maslow hat die grundlegenden Bedürfnisse untersucht, nach denen wir Menschen streben:

- Das physiologische Bedürfnis. Das Bedürfnis nach Nahrung, man will geschützt sein.
- Sicherheit. Das Bedürfnis nach Schutz und Überleben. Der Mensch möchte eine Sicherheit für morgen haben.
- Soziale Umgebung. Das Bedürfnis nach Nähe und Akzeptanz, nach Liebe und Geborgenheit.
- Selbstachtung. Jeder möchte etwas darstellen und geachtet werden. Er möchte Anerkennung bekommen.
- Selbsterfüllung. Der Wunsch, etwas Besonderes beizutragen, drängt in jedem hoch. Jeder fragt nach dem Sinn des Lebens.
- Wissen und Verständnis. Jeder möchte sich bilden und weiterkommen, er möchte die Zusammenhänge erkennen.
- Ästhetische Bedürfnisse. Jeder möchte ein angenehmes Leben führen und sich in seiner Umgebung wohl fühlen.

Wer einzelne Stufen überspringt, verhält sich unnatürlich und übertreibt in irgendeiner Richtung. Wer z. B. immer nach

Anerkennung strebt, hat sich selbst nicht akzeptiert. Jede Übertreibung einer Verhaltensweise weist auf einen Mangel der Persönlichkeit hin. »Ich muß mich beweisen.« »Ich muß Autorität einsetzen.« All solche Zwangsvorstellungen sollten zu denken geben.

Motivieren Sie durch Lob und Anerkennung. Spornen Sie zu großen Leistungen an und lassen Sie alle wissen, welche guten Mitarbeiter Sie haben. Je stärker Sie Ihre Mitarbeiter motivieren, desto größere Vorteile haben Sie. Seien Sie nicht der irrigen Meinung, ich muß etwas zurückhalten, sonst werden sie besser als ich. Wer so denkt, leidet an Minderwertigkeitsgefühlen. Ihre Mitarbeiter sollen besser sein als Sie, aber im jeweiligen Fachgebiet. Die Übersicht bewahren ohnehin Sie.

Jeder urteilt aus seiner Sicht. Ihre Aufgabe ist es, die Sicht Ihrer Mitarbeiter zu klären, Gemeinsamkeit und Kooperation in Ihrem geistigen Horizont zu verankern. Erwarten Sie nicht, daß dies von alleine geschieht.

Sie motivieren auch, indem Sie Ihren Mitarbeitern gestatten, Fehler zu machen. Seien wir doch ehrlich; jeder Mensch macht Fehler. Auch Sie sind nicht perfekt. Also erwarten Sie nichts Unmögliches, was Sie selbst nicht halten können. Geben Sie eigene Fehler zu. Dies motiviert auch die anderen, zu ihren Fehlern zu stehen. Wenn Sie das Vertrauen Ihrer Mitarbeiter gewinnen, so daß diese zu ihren Fehlern stehen, haben Sie die Chance, rechtzeitig zu intervenieren und den Schaden zu verringern. Dies setzt Einfühlungsvermögen und gute Führungsqualitäten voraus.

Geist:
- Sie versetzen sich in Ihre Mitarbeiter
- Sie richten die Aufmerksamkeit nach außen
- Sie sind offen für alle Änderungen

Seele:
- Sie suggerieren sich Ihr Ziel
- Sie bringen sich in Ordnung

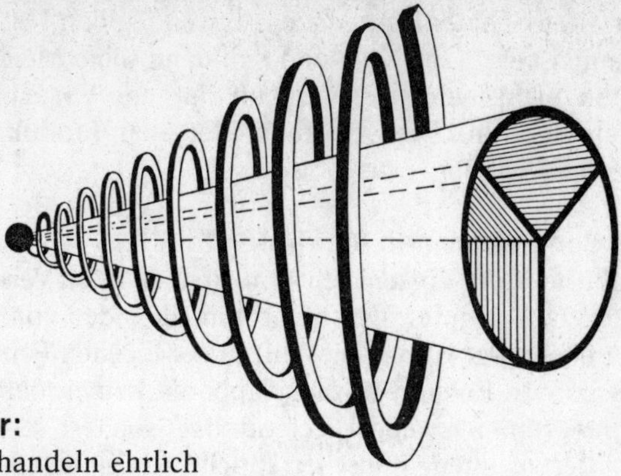

Körper:
- Sie handeln ehrlich
- Sie führen durch Beispiel

Ein guter Verkäufer sein

Verkaufen gilt als einer der ältesten Berufe der Welt. Durch Verkaufen haben wir den Wohlstand, der heute vorhanden ist. Es ist grundnotwendig, zu verkaufen, nicht nur Waren.

Jeden Morgen, wenn Sie erwachen, müssen Sie sich selbst Ihre Stimmung verkaufen. Sind Sie schlecht- oder gutgelaunt? Sie verkaufen sich Ihrer Partnerin, indem Sie sich im besten Licht darstellen, und Sie verkaufen sich mit Ihren Leistungen Ihrem Arbeitgeber. Ihre Leistungen können noch so gut sein, verstehen Sie es nicht, sie zu »verkaufen«, werden Sie immer schlecht abschneiden. Verkaufen hat viel mit der menschlichen Psyche zu tun. Können Sie Ihren Partner geistig besser einordnen, werden Sie leichter seine Wellenlänge erreichen. Verkauf ist, den anderen zu überzeugen, daß seine Gedankengänge richtig sind, verkaufen ist eine Bestätigung seiner Gewißheit. Längst ist die Zeit der Überrumpelung vorbei, wo nur mit guten Argumenten und einer besonderen Fragetechnik der Kunde von unserer Meinung überzeugt wurde. Dies sind noch Techniken der alten Schule. Heute ist es notwendig, den Nutzen für den Kunden herauszustellen und ihm dann seine Meinung zu verkaufen, nicht meine. Ich verkaufe ihm den Vorteil, den er hat, wenn er meine Dienstleistung oder mein Produkt kauft; nicht meine Meinung.

Gibt es den geborenen Verkäufer?

Ich glaube nein, wir dürfen nicht gute Redner guten Verkäufern gleichsetzen. Ein guter Verkäufer wird der, der von seinem Produkt überzeugt ist und dies mit seiner eigenen Persönlichkeit präsentiert. Er ist kein Nachplapperer, keiner, der Fragen und Antworten auswendig gelernt hat, sondern er ist ein Mensch, der zu einem Menschen spricht. Am glaubwürdigsten wirkt der, der ganz er selbst ist, derjenige, der keine Show spielt. Was ein Verkäufer lernen und beherrschen muß, ist: die Signale des anderen erkennen und deuten, er muß sich in den anderen hineinversetzen können. Er muß erfassen können, was der Kunde wirklich will, warum er diesen oder jenen Einwand bringt. Das zeichnet einen guten Verkäufer aus. Ein guter Verkäufer hat immer den Nachteil vor Augen, den der Kunde hat, wenn er seine Leistung nicht in Anspruch nimmt. Er denkt für den Kunden, nicht an seinen Verdienst. Sein Verdienst folgt automatisch, wenn er einen guten Dienst erwiesen hat.

Dienen kommt vor verdienen.

Falsche Denkweise

Es gibt unzählige Branchen, die als besonders verkaufsaggressiv gelten, mit nicht immer dem besten Ruf. Nehmen wir zum Beispiel Versicherungen. Der Ruf der Gesellschaften ist nicht immer so gut, wie er sein sollte. Warum? Versicherungen bieten eine gute Leistung an, auf die heute niemand mehr verzichten kann. Sie lösen viele Probleme in Firmen und Familien. Bei Schäden kommen sie für Ersatz auf, im Falle eines Unfalls zahlen sie Krankenhaus, Tagegeld, Ärztekosten usw. Familien werden beim Tod eines erwerbstätigen Ernährers vor finanziellem Ruin bewahrt, Firmen bei Bränden oder Einbruch vor Pleiten. Viele Vorteile also, die lebensnotwendig sind. Trotzdem haben Versicherungsunternehmen keinen so guten Ruf, wie sie verdienen würden. Warum? Ganz einfach, es hat sich herumgesprochen, daß man als Versicherungsvertreter in kurzer Zeit und mit wenigen Vorkenntnissen viel Geld verdienen kann. Es wurde verkauft und nicht mehr an den Kunden gedacht. Es ging nur um die Provision. Irgendwann kommt diese Einstellung als Bumerang zurück. Bei jedem einzelnen und auch kollektiv. Wenn der Nutzen nicht vorangestellt wird, ist dies ein introvertiertes Verhalten, das zwangsläufig einseitig ist und nach Ausgleich schreit. Denken Sie daran, Ihre Motivation wird vom Schicksal bewertet.

Ein guter Verkäufer muß ständig an sich arbeiten, er darf nicht beim gestrigen Wissen stehenbleiben. Der Wandel in Produkten und Kundenanforderungen geht so rasant vor sich, daß nur der Schritt hält, der ständig an sich arbeitet. Neue Kundenforderungen und neue Probleme bieten neue Lösungsmöglichkeiten. Wir haben dies schon ausführlich behandelt. Wer den geistigen Horizont öffnet, sieht die Chancen in unendlich vielfältiger Form.

Die Bedürfnisse der Kunden und Verbraucher ändern sich und können geweckt werden. Dies rechtzeitig zu erkennen, ist die Aufgabe eines innovativen Verkäufers.

Wie werden Sie im Verkauf erfolgreich?

1. Prinzip: Denken Sie an den Kunden

Sie wollen verdienen, das ist gut und auch richtig. Aber Sie verdienen mehr und besser, wenn Sie zufriedene Kunden haben. Je besser Sie ein Problem lösen, welches der Kunde hat, um so schneller haben Sie Erfolg. Denken Sie daran, nicht der schnelle Erfolg ist wichtig, sondern der dauerhafte. Versuchen Sie sich in seine Situation zu versetzen. Hören Sie auf die unterschwelligen Botschaften, die er Ihnen während des

Gespräches und durch seine Körpersprache gibt. Ein guter Verkäufer sollte doppelt soviel zuhören wie sprechen. Wenn Sie laufend einen Vortrag halten, haben Sie keine Chance zu erfahren, ob der Kunde mit allem einverstanden ist, wo er etwas fragen möchte und wann er abschaltet. Wir haben einen Mund und zwei Ohren. Also zügeln Sie die Zunge und sperren Sie die Ohren auf, damit es ein Verkaufen wird und nicht ein Monolog.

2. Prinzip: Verkaufen Sie

Vielleicht haben Sie den Eindruck, daß ich das Bild eines netten Verkäufers vermitteln möchte, der nur ja sagt und keine Argumentation anbringt. Im Gegenteil. Sie sollten, ja Sie müssen wirklich verkaufen, der Kunde erwartet es von Ihnen. Wenn Sie es nicht tun, verkauft Ihr Nachfolger. Wenn Sie im Gespräch mit dem Kunden das Produkt vorgeführt haben, ist es entscheidend, ihm den Nutzen ganz klar und eindeutig zu verkaufen. Sie müssen ihn in der Meinung bestärken, daß Sie die beste Lösung für sein Problem haben. Kein Kunde wird schon nervös mit dem gezückten Kugelschreiber warten, daß er unterschreiben kann, dazu ist heute die Gesellschaft zu aufgeklärt. Daher müssen Sie verkaufen. Auch Ideen müssen verkauft werden. Ideenverkauf wird in Zukunft noch mehr Platz einnehmen. Verkauf ist Leben, und es macht Freude, wenn er ehrlichen Herzens betrieben wird.

3. Prinzip: Stehen Sie zu Ihrem Produkt

Sie verraten sich nicht nur durch Ihre Aussage, sondern auch durch Ihre Körpersprache. Wenn der Kunde merkt, daß Sie zweifeln und nicht selbst von Ihrem Produkt überzeugt sind, wird er innerlich einen Rückzieher machen. Achten Sie nicht nur auf das Medium Sprache, die Körperschwingungen spielen eine genauso große Rolle. Wenn Sie nicht restlos überzeugt sind, suchen Sie sich ein anderes Produkt oder überzeugen Sie sich vom Vorteil Ihres Produktes.

Welche Vorteile hat Ihr Produkt? Welche Problemlösung bietet es für den Kunden?

Produktvorteile	kleine	mittel	große

4. Prinzip: Verbessern Sie sich täglich

»Wer sich auf den gestrigen Lorbeeren ausruht, trägt sie an der falschen Stelle«, heißt es im Volksmund. Ihre Aufgabe ist es, sich bei jedem Verkaufsgespräch zu verbessern, in Gestik, Argumentation, Rhetorik und Menschlichkeit. Kontrollieren Sie Ihre Aussprache. Zeichnen Sie von Mal zu Mal Ihr Gespräch auf, damit Sie sich selbst kontrollieren können. Mit den kleinen

Walkmans ist dies heute kein Problem mehr. Hören Sie sich zu Hause an, wie Sie auf Argumente eingehen, welche Formulierung Sie wählen, wo Sie Signale überhören oder ob Sie zu schnell sprechen.

Treten Sie in guter Kleidung auf. Über 90% des Körpers sind von der Kleidung bedeckt, nicht zu Unrecht sagt man, daß die Kleidung die zweite Haut ist. Sie drücken sich durch die Kleidung in vieler Hinsicht aus.

Wie ist Ihre Kleidung:
- Ärmlich oder chic
- Modisch oder konservativ
- Billig oder exklusiv
- Situationsgerecht oder überheblich

Wir nehmen alle intuitiv einen Eindruck vom Gegenüber wahr, der dann festsitzt. Das gilt auch umgekehrt. Daher ist die Sprache der Kleidung für den Verkäufer von großer Bedeutung. Achten Sie auch darauf, daß Sie gut riechen. Es gibt Verkäufer, die mit Mund- und Schweißgeruch beim Kunden auftreten. Welchen Eindruck Sie dann dort hinterlassen, brauche ich nicht gesondert zu erwähnen. Ihr Gesamteindruck soll das vermitteln, was Sie in sich tragen, Vertrauen, Offenheit und Menschlichkeit.

Verbessern Sie sich in Verkaufspsychologie, damit Sie die menschliche Psyche verstehen. Jeder Mensch urteilt aus seiner begrenzten Sicht, seinem geistigen Horizont. Allein schon diese Tatsache läßt vieles leichter verstehen. Lesen Sie über neues Verhalten und Denken im Verkauf, und programmieren Sie sich auf »positiv«. Hören Sie Motivationskassetten während der Autofahrt oder im Zug. Suggerieren Sie sich ein positives Gefühl, und Ihr Verkauf wird steigen.

5. Prinzip: Selektieren Sie Ihre Zielgruppe

Sie haben ein bestimmtes Produkt oder eine Idee, die beim Kunden ein Problem löst? Dies haben Sie schon vorher niedergeschrieben. Nun sollten Sie sich fragen: Welche Gruppe von

Käufern kommt für mich besonders in Frage? Bei wem kann ich mit weniger Einsatz mehr erreichen? Ich höre immer: »Mein Produkt brauchen alle.« Das aber ist keine Antwort. Sie können nicht alle bedienen. Dienen Sie einer Gruppe gezielt, dann haben Sie bessere Möglichkeiten, deren genaue Bedürfnisse und Wünsche zu erfahren, und Sie können sich leichter in den Kunden hineindenken. Dies bewirkt, daß Sie auf eine Zielgruppe eine Sogwirkung ausüben. Durch gezielte Leistung erzeugen Sie ein positives Magnetfeld, das auf Sie zurückwirkt. Listen Sie nun alle Kunden auf, denen Sie schon etwas verkauft haben, oder die, denen Sie noch etwas verkaufen wollen.

Kunden oder künftige Kunden

1. ____________________
2. ____________________
3. ____________________
4. ____________________
5. ____________________
6. ____________________
7. ____________________
8. ____________________
9. ____________________
10. ____________________

Werten Sie in gewohnter Weise die Intensität Ihrer Kontakte aus. Welche sind am erfolgversprechendsten? Welche weniger? Sie können auch eine Befragung durchführen. Rufen Sie ein paar Kunden an und fragen Sie, warum sie Ihr Produkt gekauft haben. Bei mehreren Aussagen werden Sie einen Trend entdekken, der Ihnen hilft, sich in Zukunft noch stärker auf diese Gruppe einzustellen, damit Sie mit weniger Aufwand mehr erreichen.

Arbeiten Sie mit der Zielfestlegung und klären Sie zunächst, welches Ziel Sie erreichen möchten, Umsatz oder Stückzahlen, und dann den Zeitraum.

Ziele:

____

____

____

Zeitpunkt des Erreichens:

____

Anschließend stellen Sie einen Ablaufplan Ihres Vorgehens auf. Legen Sie die einzelnen Schritte fest, die Sie bei Ihren Zielgruppen gehen.

Zielgruppe 1:

Schritte:

Zielgruppe 2:

Schritte:

Zielgruppe 3:

Schritte:

Versuchen Sie ein Problem besser zu lösen als Ihre Mitbewerber. Bieten Sie ganz klaren Nutzen, und der Erfolg ist Ihnen sicher. Schrauben Sie sich dann sicher in die Zielgruppe hinein.

Damit Ihre Motivation stimmt, erarbeiten Sie sich ein Suggestionsprogramm, das Sie zum nächsten Ziel bringt.

Suggestionsformel:
Ich bin ein guter Verkäufer, voller Selbstvertrauen. Ich biete meinen Kunden klaren Nutzen. Von Tag zu Tag werde ich bei meinen Kunden noch beliebter und schreibe mehr Umsätze. Ich verkaufe gerne und steigere dadurch meinen Erfolg von Tag zu Tag. Ich ziehe die richtigen Kunden magnetisch an. Durch meine Arbeit an mir selbst verbessere ich mich täglich und bin dankbar, mein Ziel leicht und schnell erreicht zu haben.

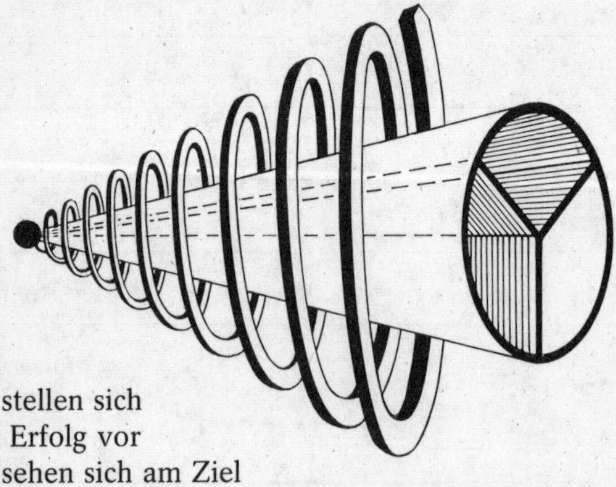

Geist:
– Sie stellen sich den Erfolg vor
– Sie sehen sich am Ziel

Seele:
– Sie fühlen sich als Starverkäufer
– Sie glauben an Ihren Erfolg

Körper:
– Sie knüpfen Kontakte
– Sie sprechen über Ihre Leistung

Geistig stellen Sie sich vor, wie Sie schon am Ziel angekommen sind, sehen Sie, wie man Ihnen gratuliert wegen des Erfolges. Sie sehen, wie sich die Kunden freuen, wenn Sie wiederkommen. Dies alles fällt Ihnen leicht, wenn Sie ehrlich verkaufen und guten menschlichen Kontakt zum Kunden halten.

Damit haben Sie alle drei Kräfte koordiniert eingesetzt, und der Erfolg kann nicht ausbleiben.

Die Zeitplanung

Vor hundert Jahren betrug die Lebenserwartung ca. 50 Jahre, heute beträgt sie 70 Jahre, bei allen Risiken und Umweltbelastungen. Trotzdem haben wir immer weniger Zeit, sie rennt uns davon. Ob in der Freizeit oder im Beruf, Zeit ist mittlerweile ein äußerst wertvolles Kapital geworden. Streß entsteht am häufigsten durch Zeitmangel.

Aber viele Menschen verbringen mehr Zeit damit, darüber zu jammern, wie schnell die Zeit vergeht, anstatt wirksame Schritte zu unternehmen.

- Viel Geld geht verloren, weil Zeit für Unvorhergesehenes aufgebracht werden muß
- Persönliche Beziehungen gehen in die Brüche, weil keine Zeit zum Pflegen da ist
- Viele Mitarbeiter wechseln die Stelle, weil die Vorgesetzten keine Zeit haben, ihnen zuzuhören
- Ehen gehen auseinander, weil keine Zeit für Gemeinsamkeiten da ist

»Ich habe keine Zeit« ist ein Lieblingsspruch vieler Menschen geworden. Dabei müßten sie sagen: »Ich glaube, ich habe keine Zeit.« Ich hörte einmal einen Vortrag, bei dem der Vortragende sagte: »Wer glaubt, er hat keine Zeit, der hat keine Zeit.« Damals dachte ich, es ist eine rein rhetorische Formulierung, aber es stimmt. Wenn wir in unserem geistigen Horizont die Vorstellung haben »Ich habe keine Zeit«, dann tut das Unterbewußtsein alles, daß es dieser Anforderung gerecht wird. Sie werden viel zu tun haben: man lastet Ihnen Arbeit auf, die normalerweise gar nicht Ihren Bereich betrifft, das Schicksal wird immer wieder Wege finden, Ihrer Vorstellung gerecht zu werden.

Zeit ist nicht Geld, sondern Leben. Geld kann erarbeitet werden, Zeit ist unwiderruflich vorbei.

Wieviel Zeit haben Sie noch bis zum 60. Lebensjahr?

Als 20jähriger noch ca. 9000 Arbeitstage
als 30jähriger noch ca. 6600 Arbeitstage
als 40jähriger noch ca. 4400 Arbeitstage
als 50jähriger noch ca. 2200 Arbeitstage

Nun können Sie überlegen, wieviel Zeit Ihnen noch zur Verwirklichung Ihrer Pläne bleibt. Wenn Sie sich denken, »das hat bis morgen noch Zeit«, werden Sie schwerlich Ihr Ziel erreichen. Erfolgreiche Menschen sind konsequent, sie warten nicht, bis sie gedrängt werden, sondern tun zur rechten Zeit das Richtige.

Zeit ist das, das am gerechtesten verteilt ist. Jeder Mensch, ob reich oder arm, schwarz oder weiß, hat genau 24 Stunden am Tag. Das sind 1440 Minuten.

Der italienische Volkswirtschaftler Vilfredo Pareto (1848–1932) hat herausgefunden, daß 80 % des Volksvermögens 20 % der Bevölkerung gehören. Diese 80:20 Regel hat sich in vielen wirtschaftlichen Vorgängen bestätigt:
- 20 % der Kunden bringen 80 % des Umsatzes
- 20 % der Kunden beanspruchen 80 % der Zeit
- 20 % der Waren bringen 80 % des Umsatzes
- 80 % der Zeit wird für 20 % Leistung gebraucht
- aber auch 20 % der Zeit bringen 80 % Leistung

Es ist nur eine Sache der Einteilung, ob wir lange für ein Ziel brauchen oder ob es schnell erreicht wird. Sie sollten Ihr Leben im Griff haben, und zum Leben gehört die Zeit. Wer seine Zeit nicht im Griff hat, steht dauernd unter Streß und erledigt die Dinge nicht mit der nötigen Aufmerksamkeit.

Im Beruf erreichen Sie Ihr Ziel nicht, wenn Sie den zeitlichen Ablauf dem Zufall überlassen. Persönlich erreichen Sie keinen Fortschritt, wenn Sie sich nicht einen Plan aufstellen, nach dem Sie arbeiten. Mit Zeitplanung können Sie vieles leichter erreichen:

- Sie können mehr Zeit für Entspannung haben
- Sie können Zeit für wichtige Dinge reservieren und diese gut erledigen
- Sie lassen sich nicht von unerwünschten Störungen ablenken
- Sie fühlen sich wohler, weil Sie bestimmen, nicht die Umstände
- Sie merken Fortschritte zu Ihrem Ziel, weil Zeit auch eine Erfolgskontrolle ist
- Sie vergeuden nicht unnötig Kraft und Energie
- Sie werden von anderen bewundert, weil Sie Disziplin üben

Vielen sind die Vorteile nicht bewußt, und man sieht manchmal keinen Ausweg aus der Macht der Gewohnheit. Sie haben keine Wahl. Wenn Sie sich für den Erfolg entscheiden, müssen Sie sich auch für körperliche und geistige Disziplin entscheiden. Erinnern Sie sich: Sie brauchen nur 2 % Vorsprung, um erfolgreich zu sein. Die Schwelle zwischen Erfolg und Mißerfolg ist sehr gering.

Entwickeln Sie sich zum »Macher« der Zeit. Beginnen Sie langsam. Nehmen Sie sich zuerst einmal einen halben Tag im groben vor und versuchen Sie, diesen einzuteilen.

Wenn Ihnen das gelingt, planen Sie einen Tag und versuchen Sie nach Plan zu arbeiten. Seien Sie aber nicht zu pedantisch. Entsprechend Ihrer Persönlichkeitsstruktur fällt es Ihnen leichter oder schwerer zu planen. Gehen Sie nach Ihrem Gefühl vor und unterscheiden Sie, ob Sie zu bequem sind oder ob Sie in erneuten Streß geraten. Planung, ob Zeit oder Ziel, darf nicht in Streß ausarten, im Gegenteil: Sie sollen entlastet werden und schneller an Ihr Ziel kommen.

»Die Menschen geben vor, das Leben zu lieben. Dennoch verschwenden sie ihre Zeit, obwohl es der Stoff ist, aus dem das Leben gemacht ist.« *Benjamin Franklin*

Fragen Sie sich immer:
- Erledige ich eine Aufgabe vollständig in der schnellstmöglichen Zeit?
- Vergeude ich durch Unentschlossenheit Zeit?
- Will ich das Ziel wirklich erreichen?
- Will ich überhaupt Ordnung in mein Leben bringen?
- Mache ich mir meine inneren Kräfte zunutze?

Wenn Ihre innere Motivation überhaupt nicht vorhanden ist, das Beste aus Ihrer Zeit machen zu wollen, nützen alle Planmethoden nichts. Es muß Ihr brennendster Wunsch sein. Nur dann erreichen Sie Ihr Ziel.

Was sind Zeitfresser?
- Wenn Sie eine Aufgabe erledigen wollen und nicht genügend Informationen haben
- Wenn Sie glauben, alles selbst tun zu müssen
- Wenn Sie Routinetätigkeiten nicht wie am Fließband erledigen
- Wenn Sie sich von jeder Kleinigkeit ablenken lassen
- Wenn Sie glauben, überall und immer erreichbar sein zu müssen
- Wenn Sie zu lange reden oder telefonieren
- Wenn Sie viel Zeit damit verbringen müssen, wichtige Unterlagen zu suchen
- Wenn Sie Tätigkeiten immer gleich ausführen und nie darüber nachdenken, ob es eine effizientere Art gibt.

Sie sehen: alles betrifft unseren geistigen Horizont. Sie können noch so gut planen, wenn Planung in Ihren geistigen Horizont nicht integriert ist, bedeutet Planung für Sie Streß.

Sie können dies in Ihrem Horizont ändern, indem Sie dem Unterbewußtsein folgende Suggestion geben:
Ich plane gerne und kontinuierlich meine Zeit. Ich freue mich, Herr über meine Zeit zu sein. Von Tag zu Tag arbeite ich leichter nach Plan und freue mich, dadurch Zeit und Lebensqualität zu gewinnen.

Dies sollten Sie täglich mehrere Male in Gedanken wiederholen, über mehrere Wochen, bis es sich im Unterbewußtsein festgesetzt hat. Es gibt ein schönes Zitat, dessen Autor unbekannt ist:

»Nimm dir Zeit für die Arbeit;
dies ist der Preis des Erfolgs.
Nimm dir Zeit für die Liebe;
dies ist das Sakrament des Lebens.
Nimm dir Zeit zum Spielen;
dies ist das Geheimnis der Jugend.
Nimm dir Zeit zum Lesen;
dies ist die Grundlage des Wissens.
Nimm dir Zeit, um mit Freunden zusammen-
zusein und ihnen zu helfen;
dies ist die Quelle des Glücks.
Nimm dir Zeit zum Träumen;
dies ist die Nahrung deiner Hoffnung.
Nimm dir Zeit zum Lachen;
dies ist die Würze des Lebens.
Nimm dir Zeit für den Glauben;
dies ist die Bahn der Verehrung.
Nimm dir Zeit zum Gebet;
dies bringt dir Gott näher und wäscht
den Staub der Erde von deinen Augen.«

Eine wunderbare Beschreibung des Begriffes Zeit. Überlegen Sie bitte einmal kurz: Was würden Sie tun, wenn Sie wüßten, daß Sie nur noch drei Tage leben werden?

Vielleicht sagen Sie sich, ich würde alles in Ordnung bringen, bevor ich gehe. Oder, ich würde nichts mehr tun und nur noch ausspannen oder über mein Leben nachdenken. All dies sollten Sie jetzt tun, auch wenn Sie nicht sterben. Das Leben geht so schnell vorbei, darum sollten Sie jetzt all dies tun, was Ihr Leben lebenswert macht. Entspannen, sich um die Familie kümmern, Pläne machen, Ziele anstreben, für die Gesundheit sorgen, Fitneß betreiben, konsequent geistige Programmierung durchführen und von Tag zu Tag ein besserer Mensch werden.

»Besser, man gibt einer Stunde mehr Leben,
als seinem Leben mehr Stunden.« *Curd Jürgens*

Der Maßstab Zeit wird häufig verkannt. Die meisten glauben, unendlich viel davon zu haben, »das machen wir später«. Später ist jedoch eine andere Entwicklung, eine andere Sicht, und daher ist zum richtigen Handeln immer jetzt der günstigste Zeitpunkt.

HEUTE

»Heute ist ein neuer Tag.
Ich kann ihn verschwenden oder ihn nutzen.
Was ich heute tue, ist wichtig,
denn ich tausche einen Tag meines Lebens dafür ein.
Morgen wird dieser Tag für immer vergangen sein.
Er läßt mir das zurück, was ich heute aus ihm gemacht habe.
Es soll ein Fortschritt sein: Ich will weiter.
Es soll Erfolg bedeuten:
Ich will heute abend mit Genugtuung
rückblicken können, damit ich den hohen Preis
nicht bereuen muß, den ich bezahlt habe.
Denn die Zukunft ist nur eine Kette von ›Heute‹.
Und heute ist der erste Tag vom Rest meines Lebens.«

Wenn Sie am Abend sagen können: Heute habe ich mein Bestes gegeben, war der Tag für Sie ein Erfolg.

Tun Sie alles, was Sie tun, mit ganzer Aufmerksamkeit, nur dadurch sind Sie effektiv. Wie Sie nicht mit jeder Hand einen Brief schreiben können, so ist es auch nicht möglich, verschiedene Dinge gleichzeitig zu tun. Sie laufen immer hintereinander ab. Verzettelung durch zuviel auf einmal kostet Zeit und Energie. Es entstehen Streß und Demotivation. Schieben Sie das Wichtige nicht auf. Tun Sie es jetzt. Dieser Augenblick kehrt nie wieder zurück. Gehen Sie mit der wichtigsten Aufgabe immer soweit vor, wie Sie können. Sobald alle Vorbereitungen für den nächsten Schritt getroffen sind, dieser aber noch nicht vollziehbar ist, können Sie sich der nächsten Aufgabe widmen.

Zeitmanagement

Wer mit seiner Zeit nicht umgehen kann, kann mit sich nicht umgehen. Zeit muß genauso geplant werden wie ein Ziel. Sie wollen ja mehr Zeit haben. Dies ist mit Methodik leicht möglich.

1. Legen Sie sich einen Zeitplaner zu. Nicht einen Kalender. Dieser verwaltet nur Termine. Im Zeitplaner sollten alle wichtigen Unterlagen sein, die für Ihre Projekte von Nutzen

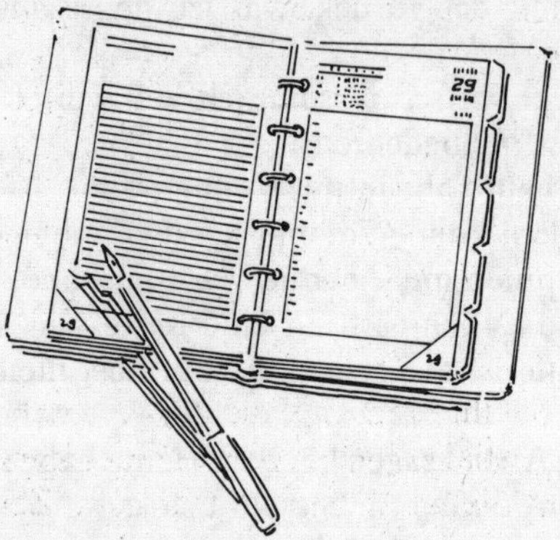

sind. Im Planer können Sie die Checklisten aus diesem Buch einlegen, damit Sie immer über den aktuellen Stand des Fortschritts informiert sind. Mit Checklisten behalten Sie immer den Überblick für das Wichtige. Dies ist für die geistige und seelische Programmierung von Wichtigkeit.

2. Konstruieren Sie einen für Sie passenden Zeitplan. Für den einen bedeutet dies minuziöse Planung, für den anderen eine etwas lockere Vorgehensweise. Passen Sie die Zeitplanung Ihren Bedürfnissen an. Lassen Sie sich nicht in ein Schema pressen. Für manche artet Zeitplanung in erneuten Streß aus. Ist dies der Fall, machen Sie etwas falsch. Sie bestimmen, wie sehr Sie sich festlegen. Aber Anhaltspunkte braucht jeder, egal welcher Menschentyp.

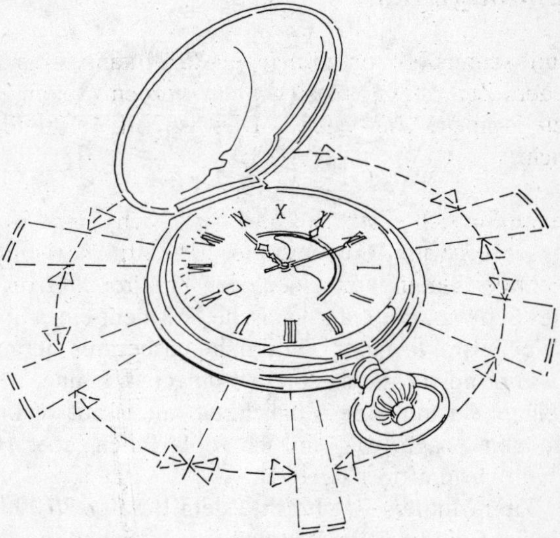

3. Verteilen Sie Ihre Ziele auf die Zeit. Sie haben ein begrenztes Zeitpotential zur Verfügung. Dieses können Sie verplanen. Wenn Sie Ziele haben, die mehr Zeit in Anspruch

nehmen, müssen Sie zuerst klären, woher das kommt. Ansonsten entsteht Streß.

4. Nutzen Sie Leerzeiten sinnvoll. Während der Autofahrt können Sie Motivationskassetten hören. Sie können Ideen auf einem Diktiergerät festhalten. Zum Arztbesuch können Sie Tagespost, die nicht wichtig ist, aber gelesen werden muß, mitnehmen. Wenn Sie telefonieren, können Sie in den Pausen kleine Aufgaben erledigen, um die Löcher zu füllen. Erledigen Sie Routinearbeiten immer im gleichen Ablauf, denn dieser setzt sich im Unterbewußtsein fest, und Sie machen es dann motorisch, ohne viel denken zu müssen, wie beim Autofahren.

Charles Schwab, der amerikanische Präsident eines Stahlkonzerns, beauftragte einen Unternehmensberater herauszufinden, wie er besser mit seiner Zeit umgehen könne.

»Zeigen Sie mir eine Möglichkeit, mehr mit meiner Zeit anzufangen«, sagte er, »und ich zahle Ihnen jedes Honorar innerhalb vernünftiger Grenzen.«

Der Fünf-Minuten-Rat brachte dem Berater 25 000 Dollar ein. Er riet Schwab, jeden Morgen eine Liste der zu erledigenden Aufgaben aufzustellen und diese nach Prioritäten zu unterteilen. Anschließend sollte er mit der wichtigsten Aufgabe beginnen und solange daranbleiben, bis diese erledigt war. Danach sollte er noch einmal die Prioritäten überprüfen und sodann mit der nächsten Aufgabe fortfahren. Dies, so wurde empfohlen, solle er sich zur Gewohnheit werden lassen.

Wenn Sie es mit dieser Methode nicht schaffen, schaffen Sie es mit keiner.

Zeit ist ein wundervolles Kapital, dessen Wert wir erst schätzen, wenn wir es nicht mehr haben. Sie haben dies nicht nötig. Sie kennen nun die Aufforderung: Ich bestimme die Zeit, nicht die Zeit mich.

Verplanen Sie nicht die ganze Zeit, sehen Sie Pufferzeit für Unvorhergesehenes vor. Ansonsten programmieren Sie Streß schon vor. Dr. Lothar Seiwert, der deutsche Experte der Zeitplanung, empfiehlt, nur 60 Prozent der Zeit fest zu verplanen und 40 Prozent für Unvorhergesehenes oder für Routinearbeiten offenzuhalten. Wenn Sie für Ihre Ziele kontinuierlich Zeit einplanen und verwirklichen, sind Sie auf dem Erfolgsweg.

Am Ende eines anderen Weges angelangt

Wenn Sie das Buch bis hierher durchgearbeitet haben, haben Sie wirklich bewiesen, daß Sie Erfolg wollen. Ich hoffe und wünsche, daß Sie einen Nutzen daraus gezogen haben und einiges in Ihren geistigen Horizont integrieren. Sicher haben Sie bemerkt, daß auch ich hier kein Patentrezept habe, denn ich kenne Ihre Persönlichkeits-Struktur, Ihre Bildung und Ihre Probleme nicht. Aber Sie sollten durch dieses Buch angeregt werden, daß nur Sie sich zum Erfolg auf Dauer führen können. Sie sind zum Erfolg bestimmt, wenn Sie das erkennen. Wenn Sie Ihre Stärken voller Selbstbewußtsein in den Dienst der Menschen stellen, sind Sie erfolgreich und Sie werden alles erreichen, was Ihnen zusteht.

Noch mal: Allein mit positivem Denken ist es nicht getan, Sie müssen auch positiv handeln. Dieser Prozeß hört nie im Leben auf. Sie bestimmen durch Ihr Verhalten Ihr Schicksal und können dies beeinflussen. Für den dauerhaften Erfolg ist die Koordination Ihrer drei Kräfte notwendig:

Der Geist –
als Kraft zum Überlegen, Planen und Denken.
Die Seele –
als ausführende, Ihnen dienende Kraft, die innere Einstellung.
Der Körper –
als ausführendes, handelndes Organ, er kann alles in die Tat umsetzen.

Wenn diese drei Kräfte koordiniert werden, haben Sie auf natürliche Art Erfolg.

Sie sollten auch erkannt haben, daß Sie sich nur in Ordnung zu bringen brauchen und das Außen dann automatisch nachzieht. Bringen Sie Ihren Kern in Ordnung, Ihre geistige Sicht, werden Sie frei von allem, was Sie stört, werden Sie selbstbewußt und nehmen Sie sich an, wie Sie sind. Schimpfen Sie nicht und schieben Sie die Schuld nicht auf andere, sondern achten Sie auf sich und die Signale, auf die Sie ein Problem oder ein Umstand hinweisen will. Erkennen Sie die Aufgabe dahinter und ziehen Sie Ihre Konsequenzen daraus. Probleme sind dazu da, daß Sie sie lösen. Übernehmen Sie die volle Verantwortung für sich, ohne Schuldprojektion, dann haben Sie Ihre ganze Energie zur Verfügung, Ihre Ziele zu verwirklichen und zu erreichen. Die Esoterik hat heute nicht den besten Ruf, weil es zu viele Träumer gibt. Die Strategen haben auch nicht den besten Ruf, weil sie zu sachlich und rational sind. Werden Sie ein Bindeglied und vereinen Sie beide, dann geht es sicher nach oben.

Wir schaffen uns unsere Welt, und wir erleben die Ergebnisse. Verbessern Sie sich, dann tun Sie das Sinnvollste für sich, für die Welt und für Ihre geistig-seelische Entwicklung.

Fragen Sie sich immer: »Was trage ich zum Wohle der Menschen bei?« Was tun Sie für die Menschen? Was Sie für den anderen tun, fällt auf Sie zurück. Dies ist ein Gesetz. Sie sollten eine Bereicherung für alle sein. Dazu sind Sie geschaffen, egal welche Aufgabe Sie erfüllen.

Es ist auch unwichtig, was Sie bis jetzt falsch gemacht haben, wichtig ist, welchen Weg Sie einschlagen. Geistig gibt es keine Schuld. Bringen Sie alte Schulden in Ordnung und bauen Sie keine neuen auf. Dann entwickeln Sie sich wirklich. Sprechen Sie nicht groß von Taten und Entwicklungen, sondern handeln Sie; dies überzeugt mehr. Glauben Sie an das Gute und leben Sie konsequent. Lieben Sie sich und die Menschen, es ist das schönste Geschenk, das Sie sich machen können.

In unserer Gesellschaft streben wir das an, was der andere hat. Tun Sie das nicht, Sie werden Ihr Glück dabei nicht finden. Suchen und erarbeiten Sie sich Ihren Weg, der zu Ihnen paßt und Sie glücklich macht. Lassen Sie sich nicht von falschen Motiven treiben. Sie alleine bestimmen, was Sie wollen und worauf Sie Ihre Aufmerksamkeit richten. Haben Sie etwas Geduld und geben Sie nicht gleich auf. Oft kommt ein Same nicht zum Wachsen, weil dauernd nachgesehen wird, wie weit er schon gediehen ist. Vertrauen Sie der Schöpfung. Tun Sie alles auf Ihrer menschlichen und mentalen Ebene, und das Leben wird Sie nicht enttäuschen.

Wandeln Sie bloßes Wunschdenken in klares Zieldenken um, und lassen Sie sich nicht von Ihren Wünschen treiben. Machen Sie sich nicht zum Sklaven Ihrer Begierden. Das Leben kann wunderbar sein, es ist lebenswert, wenn Sie es annehmen.

Literaturübersicht

Carnegie, Dale: Wie man Freunde gewinnt. Bern und München: Scherz Verlag.

Fedrigotti, Toni: Selbsthypnose und mentales Training. 1. Auflage, Landsberg: mvg-Verlag 1989.

Freitag, Erhard F.: Kraftzentrale Unterbewußtsein. Der Weg zum positiven Denken. 13. Auflage, München: Goldmann 1983.

Hill, Napoleon: Denke nach und werde reich. 8. Auflage, Genf: Ariston Verlag.

Humphrey, Christmas: Karma und Wiedergeburt. 3. Auflage, Bern-München-Wien: Scherz-Verlag für Barth Verlag 1981.

LeCron, Leslie M.: Fremdhypnose, Selbsthypnose. 5. Auflage, Genf: Ariston Verlag 1979.

Mewes, Wolfgang: Die kybernetische Managementlehre (EKS), Frankfurt.

Seiwert, Lothar J.: Mehr Zeit für das Wesentliche. 6. Auflage, Bonn: Verlag Norman Rentrop 1987.

Stielau-Pallas: Die zehn Gebote für Ihren Erfolg. 2. Auflage, Bonn: Verlag Norman Rentrop 1984.

Stone, W. Clement: Der unfehlbare Weg zum Erfolg. 3. Auflage, Genf: Ariston Verlag 1978.

Taniguchi, Masaharu: Leben aus dem Geiste. 5. Auflage, Freiburg: Hermann Bauer Verlag 1979.

Tepperwein, Kurt: Die hohe Schule der Hypnose. 6. Auflage, Genf: Ariston Verlag 1977.

Tepperwein, Kurt: Die Botschaft Deines Körpers. Triesen: Carval Verlag 1984.

Vester, Frederic: Denken, Lernen, Vergessen. 13. Auflage, München: Deutscher Taschenbuchverlag 1986.
Waitley, Denis: Der Kern unserer Kraft. Glattbrugg-Zürich: Oesch Verlag 1985.
Yogananda, Paramahansa: Autobiographie eines Yogi. 12. Ausgabe: Otto Wilhelm Barth Verlag 1981.

Feedback

Nun habe ich noch eine Bitte an Sie, liebe Leser. Wenn Sie Gedanken, Kritik und Anregungen haben, freue ich mich über Ihre Reaktion.

Haben Sie Fragen oder wünschen Sie Unterlagen über Seminare bzw. Informationen über Lebenshilfe-Kassetten und -videos, so wenden Sie sich bitte an meine am Schluß aufgeführte Anschrift.

Ich höre gerne von Ihnen und wünsche Ihnen viel Freude, Erfolg und Harmonie in allen Bereichen.

Sie sind es wert, leben Sie es auch.

Toni Fedrigotti
Karlsbader Str. 27
8900 Augsburg
Tel. 0821/70 50 11